novum pocket

**Dr. Hans-Joachim Reischmann**

# Römische Anekdoten

Die diskreten Privatissima aus den Biographien der römischen Highsociety

novum 🢒 pocket

Bibliografische Information
der Deutschen Nationalbibliothek:

Die Deutsche Nationalbibliothek
verzeichnet diese Publikation in der
Deutschen Nationalbibliografie.
Detaillierte bibliografische Daten
sind im Internet über
http://www.d-nb.de abrufbar.

Alle Rechte der Verbreitung, auch
durch Film, Funk und Fernsehen, fotomechanische Wiedergabe, Tonträger, elektronische
Datenträger und auszugsweisen
Nachdruck, sind vorbehalten.

Gedruckt in der Europäischen Union
auf umweltfreundlichem, chlor- und
säurefrei gebleichtem Papier.

© 2024 novum Verlag

ISBN 978-3-903468-68-9
Umschlagfoto:
Juliengrondin I Dreamstime.com
Umschlaggestaltung, Layout & Satz:
novum Verlag

**www.novumverlag.com**

# Inhaltsverzeichnis

I. Anekdoten: Die nicht zur Veröffentlichung
   bestimmten Privatissima .................. 7

II. Aus dem Privatleben prominenter Römer ... 17

1. Atticus: Kunstmäzen –
   Sponsor – Freund ......................... 19
2. Augustinus: Über Schule,
   Lehrer und andere Katastrophen ............ 27
3. Brutus – Vatermörder und
   Muttersohn, Blutsauger und Kredithai ....... 36
4. Cicero(Quintus) –
   Machiavelli als Wahlkampfberater .......... 50
5. Dolabella – Ciceros Schwiegersohn:
   Vom Traummann zum
   bestialischen Mörder ...................... 60
6. Horaz: Ein Hoch auf
   das „horizontale Gewerbe"! ................ 71
7. Martial, der Gourmetkritiker:
   Essen ist Charaktersache. .................. 83
8. Ovid: Traumfrauen – Leichte Mädchen,
   aber „schwer in Ordnung" .................. 92
9. Plinius: Der Nachruf –
   Spagat zwischen Ethik und
   „de mortuis nihil nisi vere" ................ 102

10. Seneca: Unausgesprochene
 Lebensweisheiten eines Pragmatikers ....... 111
11. Kaiser Titus: Christianisierter
 Antisemit oder römischer Philosemit? ...... 122
12. Trimalchios Fortunata:
 Neureiches Flittchen oder konservative
 Hausfrau? ................................ 129

**III. Was bleibt:
 Latein und die Folgeschäden** .............. 135

1. Das römische Recht:
 "Alberne Wortklaubereien" (Cicero) .......... 137
2. Sprach-Snobismus: Abgehobenes
 Latein – Eine Sprache, die spaltet ............ 149

Anmerkungen ................................ 160

Literatur ..................................... 166

## I. Anekdoten:
### Die nicht zur Veröffentlichung bestimmten Privatissima

Hitler und Mussolini beraten, welche Stadt zur Metropole des künftigen italo-germanischen Weltreichs werden solle. Während für den „Führer" das ganz klar Berlin ist, macht der Duce geltend, dass die römische Kirche bereits vom allmächtigen Gott zum Nabel der christlichen Welt auserkoren worden sei: „Rom natürlich! Das hat doch schon der Allmächtige so bestimmt." Empört braust Hitler auf: „Wann soll ich das gesagt haben?"

Für eine typische Anekdote gelten 3 Gattungskriterien: Erstens muss es sich um echte, historische Personen handeln, was in diesem Falle zutrifft – die genannten Personen haben leider wirklich gelebt. Zum Zweiten müssen die Erzählungen nicht im Detail wahr sein, sondern nur die „innere Wahrscheinlichkeit" eines Konjunktivs in sich haben. D.h. sie „könnten" sich so oder ähnlich zugetragen haben, weil sie schlaglichtartig einen typischen Charakterzug bloßstellen – im vorliegenden Fall Hitlers bis zur Hybris gesteigerter Größenwahn. Als Merkmal Nr. 3 zählt die pontierte Kürze, welche die Anekdote in die Nähe zum Apophthegma bringt – einer schlagfertigen Antwort, oft verbunden mit einem „Geistesblitz", dem sogenannten Apercu. Berühmt sind die in den Evangelien gezählten 62 Apophthegmata Jesu, mit denen der Meister seine Zuhörer überrascht und insbesondere die Pharisäer düpiert. Solche Apophthegmata, die „um eine einzige Person kreisen, erzeugen den Grundstock einer Biographie." (s. D. Dormeyer, das Neue Testament S. 160 ff).

„Facta et dicta memorabilia" hatte Valerius Maximus seine Sammlung von „Denkwürdigen Taten und Worten" genannt. Bei Heinrich von Kleist heißen solch „sonderbare Geschichten" von kuriosen Rechtsfällen oder dem unglaublichen Bravourstück eines kaltschnäuzigen Soldaten nicht anders als schlicht Anekdoten: Ungewöhnliche Begebenheiten, aus Pressemitteilungen entnommen und dann anonymisiert, die vom Meister der Novelle für die „Berliner Abendblätter" um 1810 „sehr gut und angenehm erzählt" (Wilhelm Grimm) werden, wobei das Kriterium der anekdotischen Kürze nur eine untergeordnete Rolle spielte. Auch in unseren „römischen Anekdoten" wird das Gattungsgesetz der prägnanten Verknappung der historischen Verständlichkeit gegenüber geopfert, da ansonsten der biographische Gesamtkontext zerrissen würde und der Eindruck eines Sammelsurium von isolierten Einzelszenen entstünde. Die Biographie eines Diogenes, der ohne soziale Verflechtungen als einsamer Individualist durch die Polis, seine politische Öko-Spielwiese, geistert, kann fast allein von einem bunten Anekdoten-Puzzle leben. Eine solch skurrile Solitärpflanze bekommt schon genug an Farbe, wenn dieser aus seiner Tonne krabbelt, um am hellen Tage die dichte Menschenmenge mit einer Fackel (auch im doppelten Sinne) zu „behelligen", und auf die Frage, was er denn suche, mit dem tiefsinnigen kryptischen Apophthegma antwortet: „Ich suche Menschen."

In der komplexen, eng vernetzten Gesellschaft Roms aber ist der Freiraum für Individuen komplizierter. Hier, wo senatorische Oligarchen von Großfamilien das Sagen haben, wo jeder mit jedem um viele familiäre Ecken verwandt ist, durch Gentil- oder Klientelverhältnis in einer

Pflicht steht, geht es mehr um Rollen als um Individuen. „Persona" ist hier nicht die Person selbst, sondern „das Image... oder die Relation innerhalb eines Systems" – kurz die Rolle." (s. Fuhrmann: Persona, ein römischer Rollenbegriff, in Brechungen, S. 31 ff). Hier ist es wenig sinnvoll, das Kontinuum einer Biographie auf die Pointen einer Frage – Antwort – Konstellation zu reduzieren.

Dabei böte Ciceros Witze-Sammlung, von der sogar Cäsar begeistert war, ebenso wie seine Vita selbst genügend Stoff für anekdotische Bonmots: Zum Beispiel, wenn er wieder mal klamm ist und, sich in Euphemismen windend, seinen Sponsor Atticus anpumpen muss. Oder wenn er sich mit seinem jüngeren Bruder zofft und dieser ihn wie ein britischer Junior-Prinz öffentlich anschwärzt. Oder wenn er einen namhaften Dichter ungeniert bittet, seine „Heldentaten" als Konsul in einem heroischen Epos zu verewigen. Ganz zu schweigen vom Streit um Geld mit seiner eigenwilligen Ehefrau Terentia, von den Allüren seiner zickigen Schwägerin Pomponia, vom Dauerstress mit dem hinterhältigen Neffen Quintus oder dem Eklat mit seinem brutalen Schwiegersohn Dolabella ... Doch ohne Hintergründe, Vorgeschichte und Kontext lacht man hier an der falschen Stelle.

Daher kommen wir zum etymologischen Ursprung der Anekdote zurück: Anekdoton = Das nicht Herausgegebene. In diesem Sinne hatte Prokop aus Cäsarea (500–562), der als Erfinder dieser Literaturgattung gilt, seine nicht veröffentlichten Klatschgeschichten über den kaiserlichen Hof betitelt. Sein Pamphlet über das Privatleben von Kaiser Justinian, seiner Frau Theodora und dem großen Kriegshelden Belisar sollte diskret unter Verschluss bleiben, daher als „historia arcana" (Geheimgeschichte) übersetzt. – Von demselben etymologischen Anekdotenverständnis sind auch Gerhard Finks „Antike Anekdoten" inspiriert, die „berühmte Persönlichkeiten abseits der schnurgeraden Pfade ... in einer ungewöhnlichen Situation zeigen", wenn beispielsweise der Dichtergott Homer aus den Höhen des Epos zu trivialen Niederungen herabsteigt, um nicht über Achilles und Odysseus, sondern banal über die ontologische Existenz von Läusen zu rätseln. (G.Fink, Götter, Spötter und Verrückte, ... S. 8 ff)

Zu den Geheimgeschichten im Sinne Prokops zählt Ciceros Freundschaft mit Atticus natürlich nicht – eine sicher hehre Beziehung, die Cicero gerne in kongenialer Idealität verklärt sehen wollte: „Amicitia praestat propinquitati ... Freundschaft geht vor Verwandtschaft" priorisiert er im Gedenken an die Bilderbuch-Freundschaft zwischen Scipio und Laelius." (Laelius, de amicitia 19). Doch noch dicker als Blut und Wasser ist ein anderes Bindemittel, das er – obwohl es von Atticus her reichlich floss – eher unter den diskreten Teppich zu kehren sich redlich bemühte. Über Geld spricht man nicht – man nimmt es.

„Pecunia non olet – Geld stinkt nicht". Mit diesem Apophthegma wird Kaiser Vespasian später seine berüchtigte Urinsteuer (urinae vectigal) rechtfertigen und die Einnahmen aus den öffentlichen Pissoirs seinem pikierten Sohn Titus unter die Nase halten: „E lotio est." (Sueton, Vespasian 23). Dass Lotion wörtlich nichts anderes als Pisse heisst, mögen die Kosmetikerinnen verzeihen. Und nebenbei bemerkt, handelt es sich hierbei nicht um einen Vorläufer heutiger Benutzungsgebühren, sondern um das ökologische Recycling „wertvoller Ressourcen", die der geschäftstüchtige, auch als „Maultiertreiber" und „Heringskrämer" bewitzelte Kaiser an das Lederwaren-Handwerk und die Textilindustrie gewinnbringend verkaufte. Dass Geld nicht stinkt, wenn es nur in die richtigen Taschen fließt, und dabei sogar über die Gräben von Klassenkampfgrenzen hinweg ewige Freundschaften stiften kann, zeigt auch die Beziehung zwischen Karl Marx und dem Fabrikantensohn Friedrich Engels. Ohne dessen großzügige Subventionierung seiner Haushaltskasse wäre der große Autor von „Das Kapital", der bekanntlich mit diesem privat nicht umgehen konnte und stets zwischen Gerichtsvollzieher und Pfandhaus pendelte, nicht in der Lage gewesen, seine Miete zu bezahlen und 4 Kinder mit einer krebskranken Frau zu ernähren. Dass dieser Freund – ebenso ein „homo oeconomicus" wie der Buchhändler Atticus und ebenso spendabel wie dieser – zu den Kreisen der verhassten „Exproprieateure" alias Kapitalistenschweine gehörte, die mit „hündischem Kommerz" ihr Kapital akkumulierten, schien die „durch und durch zerfressene Seele" (W.Sombart) des Dr. Marx dabei nicht zu stören. Geld neutralisiert die Spannnung zwischen Kapitalismus und Sozialismus und schafft so die Synthese von Feuer und Wasser.

Noch weniger aber würde man nackte Geldgier vermuten beim großen Freiheitshelden der Republik, der nach dem Attentat auf den Diktator an den Iden des März als Ikone des Widerstands wie ein römischer Stauffenberg verehrt wurde. „Magnanimus Brutus" – der edle Brutus wurde, was Cicero nicht schaffte, in hexametrischen Versen von Lukans Heldenepos „Pharsalia" wie ein Halbgott verehrt. Dabei war der junge Brutus in früheren Jahren eher ein Heißsporn auf der Jagd nach Geld, von dessen betörendem Wohlgeruch er so benebelt war, dass er bei lukrativen Kreditgeschäften mit einem Zinssatz von 48 % regelrecht über Leichen ging. Als eine der viel diskutierten Ursachen des Untergangs von Rom gilt die allgemein beliebte Ausbeutung der Provinzen, ein Volkssport, bei dem auch der edle Brutus sich eifrig beteiligte. Aus dem materialistischen Saulus wurde später ein idealistischer Paulus und die dunklen Kapitel der Vergangenheit mit den sprichwörtlichen Leichen im Keller blieben als „anekdota" unveröffentlicht.

Auf die Kernfrage aller Lehrer „Wie motiviere ich meine Schüler und erkläre so, dass der Funke überspringt?" hat der größte aller Kirchenväter eine klare Antwort: „Was immer du erzählst, erzähle es so, dass dein Zuhörer vom Hören zum Glauben, vom Glauben zur Hoffnung und von der Hoffnung zur Liebe gelangt. Quidquid narras, ita narra, ut ille, cui loqueris, audiendo credat, credendo speret, sperando amet." (Augustinus, de cathecizandis rudibus 8) Lehren heißt für ihn nicht Wissensvermittlung, sondern Leidenschaft transportieren und Esprit einhauchen. Wer das Erfolgsgeheimnis von Didaktik und Motivation so brillant erklären kann und dabei die Variationen von Verbformen in solch assoziativer Kunst verknüpft, dass das Ganze wie ein rhetorischer Anschauungsunterricht über Polyptoton, Parallelismus und Klimax wirkt, der verrät sich als Meister der Rhetorik und Psychagogie. Aber zum Trost für alle Schüler, die mit der Schule hadern, weil ihnen die Fremdsprachen nicht in den Schoß gefallen sind: Auch der junge Augustinus – das verraten seine „Confessiones", eine einmalige Mischung aus Lebensbeichte mit religiös inspirierter Autobiographie – litt unsäglich unter der Schule und stand besonders mit der Fremdsprache Griechisch auf Kriegsfuß.

In seinen Memoiren, wie man heutzutage salopp sagen würde, begegnet uns ein kritischer, innerlich renitenter Schüler, der seine Schulerfahrungen verarbeitet und dabei auch seine ersten pubertären Begegnungen mit dem anderen Geschlecht diskret andeutet.

Die „Confessiones" gelten als „die berühmteste Autobiographie der Weltliteratur überhaupt" (Wilfried Stroh) und fanden sogar Eingang in das Ethos der US-Verfassung. Als der junge Augustinus von der Kleinstadt Thagaste in die Weltstadt Karthago kommt und dort neue Freunde kennenlernt, schildert er, wie „durch Worte, Mimik, Blicke und tausend Gesten der sich gegenseitig herzlich Liebenden" (a corde amantium et redamantium) die Herzen zusammengewachsen seien. So sei aus einem P l u r a l der Herzen eine E i n h e i t geworden: „... conflare animos et  e  p l u r i b u s u n u m  facere." (Conf. IV, 9, 13) Selten, dass die englische Sprachdominanz ihrer Vorgängerin im Amt der Weltsprache den Vortritt lässt. Aber auf den heiligsten Insignien der USA, der Flagge und der Dollarnote, prangt kein cooles Englisch, sondern das hehre „E pluribus unum."

Horaz: Kult in der augusteischen Klassik, Kult auch im klassischen Latein-Unterricht, wo seine erhabenen Oden mit altphilogischer Inbrunst regelrecht gebetet wurden. Den großen Staatslyriker mit pornographischen Texten in Verbindung zu bringen, mag zunächst abwegig erscheinen. Und doch ist es derselbe Horaz, der in seinen Satiren die Professionalität des horizontalen Gewerbes in den höchsten Tönen preist und deren Bedienstete respektvoll wie Matronen behandelt. Dabei wäre es dem Dichter der ars poetica mit seiner immensen Sprachkunst leicht möglich gewesen, erotische Erfahrungen auf dem

Straßenstrich dezent zu umschreiben, so wie Ovid in seiner ars amatoria. Doch für sein Loblied auf die Prostitution wählt er naturalistische Direktheit, in welcher er ungefilterten Hardcore-Sex in allen Lagen beschreibt. Nicht jugendfreie Partien aus Martial und Horaz fielen immer wieder der Zensur zum Opfer: In Lord Byrons Epos „Don Juan" werden sie für den jungen Zögling „ad usum delphini" aus den Lektürevorlagen entfernt, von großen Weimarer Dichtern wird deren Übersetzung verweigert oder in anderen Ausgaben übersetzungstechnisch entschärft. Der Moralismus – vielleicht auch die Prüderie – der Rezeptionsgeschichte stellt sie somit in die Ecke der „Anekdota": Erzählungen, die an sich besser nicht – oder allenfalls nur diskret und unter Vorbehalt – weitergereicht werden sollten.

## II. Aus dem Privatleben prominenter Römer

# 1. Atticus: Kunstmäzen – Sponsor – Freund

Zunächst nur ein Kommilitone beim gemeinsamen Philosophiestudium in Athen, vom Studienfreund aber zum Lebensfreund und Alter Ego Ciceros bis zu dessen bitterem Ende. Verknüpft mit diesem ging er in die Geschichte ein durch mehr als 500 Briefe, die unter Ciceros Namen als Atticus-Briefe überliefert sind. Obwohl aus seiner Feder selbst weder Antwortschreiben noch sonstige Episteln erhalten sind, tritt er uns darin authentisch vor Augen und gewinnt auch in der Rolle des bloßen Rezipienten farbige Konturen: Als politischer Mentor eines „Homo novus", der in den politischen Grabenkämpfen zwischen Cäsar und dem Rest der Republik es immer wieder meisterhaft verstand, sich zwischen alle Stühle zu setzen. Als Seelsorger eines Egozentrikers, der sich nicht genierte, das Personalpronomen Ego in selbstgefälliger Rhetorik rauf und runter zu deklinieren und den Ich-Kult bis zur Peinlichkeit zu zelebrieren. Und nicht zuletzt als Finanzmakler eines stets über seine Verhältnisse lebenden neureichen Newcomers und Gernegroß.

Selbst der NS-Phantast Ernst Jünger muss von den Atticus-Briefen angetan gewesen sein. Immerhin hält er eine französische Literatur-Empfehlung für „la correspondance de Cicero" in seinen Tagebüchern ausdrücklich fest (14.9.1943). Dabei liegt eine „Korrespondenz" in eigentlichem Sinne gar nicht vor. Die Atticus-Briefe sind für uns ebenso eine kommunikative Einbahnstraße wie die 124 Lucilius-Briefe Senecas. Hier hat jedoch inzwischen ein genialer „Erfinder", das italienische Multitalent Luciano de Crescenzo, mit einer wunderbaren Fiktion sich dieser Lücke angenommen und dem bislang stummen Brieffreund Senecas eine Stimme verliehen. Ein „Heureka" der besonderen Sorte: Der Hobby-Archäologe „entdeckte" in seinem Keller nahe am Nerva – Forum die verstaubten Originale, in denen Lucilius „mit innigem Dank" antwortet auf „die Ratschläge, die ich wieder in so großer Zahl von dir erhalten habe ..." (1)

Vielleicht werden eines Tages auch noch verschollene Papyrus-Rollen mit den Reskripten des Atticus ans Licht kommen, die unser bisheriges Bild von der Bilderbuchfreundschaft zwischen einem homo politicus mit Leib und Seele und einem politisch seelenlosen Epikureer ins Wanken bringen. Steckte hinter dem epikureischen Idealismus des Freundes, der Politik, Parteien und patria abgeschworen hatte, vielleicht doch eine verkappte kapitalistische Seele? Wobei zu bedenken wäre, dass es in Rom „keinen Kapitalismus, sondern nur Kapitalisten gab." (Heinrich Reichert) Doch auch ohne autographische Zeugnisse erwächst uns aus Ciceros Reflexen, in denen er Antworten aufgreift und *fragmentarisch zitiert oder ihnen consensual beipflichtet, ein lebendiges und „beredtes" Bild seines schweigsamen Gegenübers:*

*„Was ich dir für mein Tusculanum aufgetragen habe und was dir dafür passend erscheint, besorge nur – es wird dir ja keine Probleme bereiten... Wenn du irgendwelche Schmuckstücke für mein „Gymnasium" auftreiben kannst, lass sie dir bitte nicht entgehen ... Überleg auch, wie du mir eine Bibliothek verschaffen kannst – auf deine Liebenswürdigkeit baue ich meine ganz Hoffnung. Deine Hermes-Säulen mit den Bronzeköpfen, von denen du schreibst, erfreuen mich jetzt schon.*

*Schick sie mir und auch die Standbilder und alles, was zu meiner Liebhaberei (studium) passt – möglichst viel* und möglichst bald. Auf solche Stücke bin ich so leidenschaftlich versessen. Deine megarischen Standbilder erwarte ich sehnsüchtig. Außerdem bitte ich dich um kleine Reliefs für die Wände meines Atriums und Brunneneinfassungen und Figurenschmuck und ... Zögere nicht und vertraue meinem Geldbeutel. Denn das ist eben mein Vergnügen (voluptas). Für den Transport hat mir Lentulus seine Schiffe versprochen. Besorge also bitte alles akkurat ..." (Ad Att. I, passim)

Noch beim Verres-Prozess musste Cicero seinen erfahrenen Kunstverstand „coram publico" genant kaschieren. Vor einem Publikum mit konservativer Tradition, wo griechische Kunst immer noch einen Geruch von Dekadenz hatte. Nach immer noch geltender Meinung beschädigt ein vir vere Romanus „seine Würde, wenn er der Kunst und anderen unnützen Dingen zu viel Aufmerksamkeit widmet." (2) Er spielte den unkundigen Laien, dem die Namen von Praxiteles & Co. erst souffliert werden müssten. Hier aber, in der vertraulichen Privatsphäre diskreter „anekdotischer" Kommunikation mit seinem Intimus, kann er sich ungeniert als passionierter Kunstexperte outen, dessen Sammelwut der eines Verres in nichts nachsteht.

Sallust hatte recht: „Idem velle et idem nolle firma amicitia est – Dieselben Ziele und dieselben Abneigungen sind das Fundament einer stabilen Freundschaft." Vor allem, wenn zwei von derselben Kunstliebhaberei besessen sind. Atticus, dem hic et nunc der Politik entflohen, hatte sich in seiner neuen Wahlheimat, der Abgeschiedenheit seines Landguts in Epirus, eine exklusive

Oase von Kunst und Kultur eingerichtet, die er abgehoben zu „Amalthea" verfremdet: Die Ziege, die Zeus auf Kreta nach seiner Geburt mit Milch nährte und deren Horn als cornu copiae später zum Symbol von Reichtum und Frieden wurde. Damit verlagert er seinen Wohnsitz in überirdische Sphären und in elysische Vorzeiten. Zu einem perfekten Aussteiger gehört auch die Mythisierung seines Zufluchtsortes: Das Refugium wird zu einem eigenständigen Mikrokosmos, stilisiert in einer versteckten Nische des Elysiums. Weltflucht wurde eben nicht erst von Eremiten oder den christlichen Anachoreten erfunden. Man braucht hierzu nicht Klause oder Kloster, sondern nur eine „heimelige" Kultstätte im eigenen Garten – und ein kongeniales Alter Ego, das die Freuden hemmungsloser Kunstschwelgerei teilt:

Der andere Kunstästhet, der Möchtegern-Aussteiger aus Arpinum (dem hierzu die letzte Konsequenz fehlte) ist von dieser Art Traumtänzerei so hingerissen, dass er von Atticus flugs die Baupläne anfordert, um sich nach deren Vorlagen seine eigene „Amalthea" zu errichten:

„Schicke mir doch bitte eine Beschreibung deines Amaltheons, alles über seine Ausstattung und seine Lage … Ich will mir etwas Ähnliches auf meinem Gut bei Arpinum einrichten. „(I 16, 18) Der Großauftrag wird sukzessive erfüllt: Atticus liefert die geordneten Artefakte, der Auftraggeber quittiert die Lieferungen – „die von dir besorgten Statuen sind in Gaeta ausgeladen" (I, 8) und zahlt pünktlich – zwar nicht mit barer Münze, aber mit warmen Worten der Dankbarkeit: „Nihil venustius quam illa tua pegmata – nichts erfreut mein Herz mehr als der Anblick deiner Bücherregale …" (IV, 9) – Doch zugleich wird Atticus in seiner Rolle als Kunstmäzen immer mehr gefordert: „Meine Amalthea wartet auf dich, sie hat dich dringend nötig ... Denn die Kosten für meine Villen bei Tusculum und Pompeii haben mich in Schulden erstickt."(3)

Zuvor hatte er noch bei seiner Kaufoption von Atticus' Bibliothek vollmundig von „Geldreserven" für seinen Altersruhesitz gesprochen: „omnes vindemiolas r e s e r v o,  u t subsidium  s e n e c t u t i  parem. „(I, 6, 4) Davon ist nun nicht mehr die Rede. Das selbstbewusste „Vertrauen in die eigene Geldkiste – confidito arcae meae" (I,5) war dahin und wich immer mehr verzweifelten Bankrotterklärungen. So wechselte die Rolle des Atticus allmählich vom Kunstmäzen zum finanziellen „Sponsor" des notleidenden Freundes. Und in dieser Funktion wurde er immer mehr zu dessen Lebensversicherung,vor allem als zu seinen kostspieligen Hobbies, wie dem Sammeln von repräsentativen Immobilien finanzielle Katastrophen kamen: Das ruinöse Exil, währenddessen seine Stadtvilla niedergebrannt wurde. Schließlich die Scheidung seiner Ehe, bei der er sich von seiner Frau Terentia und zugleich auch – weitaus schmerzhafter – auch von deren Vermögen trennen musste.

Über die Hilfen des Atticus hierbei liegen uns Zahlen vor. Anders als Cicero, der bei pecuniären Verbindlichkeiten gerne in blumiger Rhetorik um konkrete Zahlen herumeierte,spricht Cornelius Nepos in seiner Atticus-Vita hier im Klartext von einer stattlichen Schenkung: „Donavit" – geschenkt habe Atticus dem aus der Heimat Flüchtenden die stolze Summe von 250 000 Sesterzen. Wie unverbindliche Rückzahlungsvereinbarungen in Verbindung mit ohnehin laxer Zahlungsmoral einen großzügigen Gläubiger irgendwann so zermürben können, dass er ein Zahlungsmoratorium in eine definitive Schenkung umwandelt, kennen wir von Jakob Fugger dem Reichen. Der soll den Schuldschein des Kaisers Karl V. über mehr als eine halbe Million Gulden zu „peanuts" erklärt und – der Legende nach – in den Ofen geworfen haben.

Aus welch sensiblem Stoff Atticus gestrickt ist, spiegelt sich in der verklausulierten Sprache, welche ihm Herz und Geldbeutel öffnen: „Meine Amalthea erwartet dich dringend – Amalthea te exspectat ac indiget tui. "(II, 1, 11) Cicero personifiziert seine Amalthea, macht sie – anstatt seiner selbst – zum eigentlichen Petenten, die ihn „erwarte und ihn nötig habe"; damit setzt er sie in eine persönliche Beziehung zum Geldgeber. Auch später, im finanziellen Desaster seines Exils, bittet er selbst nicht um Geld, sondern nur um „Wohlwollen" (tua benevolentia – 11,1), appelliert an Abstrakta wie „Freundschaft" oder „Liebe". Das hässliche Wort Kapitalbedarf vermeidet er und umgeht es durch Vertrauen auf „deine finanzielle Ressourcen ... tuarum facultatum" (4, 1,3) Euphemismen, die der Angesprochene sachgemäß dekodiert und sodann in Sesterzen übersetzt.

„Afflictis semper succurrit ... Notleidenden kam er immer zu Hilfe", verallgemeinert sein Biograph C.Nepos (Atticus 3,1). Die „caritas" des Atticus, die Cicero beschwor, um Gratifikationen quasi auf eine „caritative" Ebene zu verlagern, kam auch anderen zugute. Die Stadt Athen errichtete dem Wohltäter der Kommune, obwohl dieser sich dagegen sträubte, an heiligster Stelle eine Statue. Für Fulvia, die Frau des Marc Anton, tritt er als „sponsor" auf – der banktechnische Terminus für den Bürgen, der mit der sakral tradierten Formel „spondeo" (ich bürge) die persönliche Haftung bei Kreditgeschäften übernahm. (Max Kaser, Röm. Privatrecht § 7, 3, 1) Die Bedeutungserweiterung zum heutigen Sponsor, der für nicht rückzahlbare Subventionierungen steht, dürfte Menschen wie Atticus zu verdanken sein.

Dass er mit Fulvia die Frau von Ciceros Todfeind Marc Anton „sponserte", scheint ihn nicht gekümmert zu haben, obwohl diese von Cicero als blutrünstiges Monster geschildert wurde (was sie später auch bestätigt, als sie dessen auf den rostra ausgestellten Leichnam öffentlich schändet.) Denn „in seinem liberalen Herzen war kein Platz für irgendwelche Feindschaften ... liberalitate utens nullas inimicitias gessit." (Att. 11, 5) Seine politische Neutralität war wohl seiner epikureischen Lebenshaltung geschuldet, weshalb er allen Versuchen des Diktators Sulla, ihn für seine Partei zu engagieren, widerstand: „Führe mich nicht gegen diejenigen, mit welchen ich Italien verlassen habe, um nicht gegen dich die Waffen zu erheben." (Att. 4,2) Mit seiner strikten und weisen Überparteilichkeit wäre er die Idealbesetzung für das Amt des Bundespräsidenten gewesen.

Aber seine Neutralität beschränkte sich nicht auf die Politik. Er schaffte auch den einzigartigen Spagat zwischen den größten Rednern, Cicero und Hortensius, welche beide darum konkurrierten, als die Nummer Eins in der rhetorischen Szene Roms zu gelten. Auch als es nach der Ermordung Cäsars zu Verstimmungen zwischen Cicero und Brutus kam, konnte er zwischen den Alpha-Tieren der Republikaner balancieren, ohne einen der beiden zu verprellen oder selbst Gesicht und klares Profil zu verlieren. Anders als Cicero, der ohne Not Feindschaften heraufbeschwor: In den Fronten zwischen Cäsars Neffen Octavian (Augustus) und dessen engstem

Freund Marc Anton sieht er sich vor der Wahl zwischen Skylla und Charybdis bzw. Teufel und Belzebub: „Dieser Klugscheißer" – so schreibt Brutus an Atticus – „hat in seinem unerfahrenen Dilettantismus den übermächtigen Marc Anton mit seinen egoistischen Ambitionen sich zum Todfeind gemacht ... virprudentissimus Antonium valentissimum i m p e r i t e  a n  a m b i t i o s e inimicum fecisse ..." (Ad Brutum 26, 1) Dem Pazifisten Atticus wäre so etwas nie passiert.

Die Nagelprobe für politische Tugenden liegt bekanntlich in der sogenannten Keimzelle des Staates, der Familie, und die größte Herausforderung an seine Spagatkünste dürfte damit im familiären Spannungsfeld gelegen haben: Seine Schwester Pomponia war mit Ciceros Bruder Quintus verheiratet. Da die Ehe des chronisch Jähzornigen mit einer notorisch Launenhaften – trotz Eheberatungsversuche durch die beiden Schwager – bis zur baldigen Scheidung als unglücklich galt, waren Cicero und Atticus somit quasi „unglücklich verschwägert." Atticus musste sich von seinem Schwager anhören, wie seine zickige Schwester ihrem Mann Gesellschaft, Kommunikation und eheliche Pflichten verweigert habe. (Ad Att. 5, 1)

Ihre Freundschaft überstand auch die nicht leichte Phase ihrer Verwandtschaft. Die „liberalitas", die sein Biograph an ihm immer wieder lobt, war eben – weit über finanzielle Großzügigkeit hinausgehend – auch eine politische Kategorie. Er war – lange bevor es sogenannte „liberale" Parteien gab – ein echter „Liberaler" und wird vielleicht doch noch eines Tages von einem humanistisch gebildeten oder philhellenisch angehauchten Politiker als geistiger Stammvater der liberalen Bewegung entdeckt werden.

## 2. Augustinus: Über Schule, Lehrer und andere Katastrophen

„Mein Gott, was für ein Elend (miserias) habe ich da erlebt: Zur Schule wurde ich geschickt, um das Alphabet zu erlernen, ohne dass ich armer Tropf (miser) wusste, wozu das gut sein sollte. Trotzdem wurde ich geschlagen, wenn ich beim Lernen träge war ... Nur eine gewisse Portion Stumpfsinn (quaedam stoliditas) schafft es, solche Marterpfähle, Eisenkrallen und andere Foltergeräte zu ertragen. Dazu lachten noch unsere Eltern über die Qualen (tormenta), mit denen wir Kinder von den Lehrern gepeinigt wurden und – mein bitterster Schmerz – sogar über die blutigen Striemen an meinem Körper ... Denn weil ich mehr Spaß am Spielen als am Lernen hatte, wurde ich bestraft von denen, die im Grunde doch dasselbe tun: Nur werden die Spielereien der Erwachsenen einfach „Geschäfte" (negotia) genannt, während Kinder für dasselbe ohne Mitleid bestraft werden ..." (4) Soweit die autobiographische Aufarbeitung von den schulischen „Leiden des jungen Augustinus" in seinen Confessiones. Ärger und Frust über schulischen Stress sind normal. Bei einem Schüler mit sensiblem Rechtsempfinden aber wird daraus tiefgründige Kritik an gesellschaftlichen Strukturen: Die Ungleichheit des Gleichen – das seit Terenz geflügelte Wort „cum duo idem faciunt, non est idem" (Adelphoi 823) – begleitet später auch den Autor des Gottestaates. In „de civitate Dei" legt Augustinus seine Imperialismuskritik dem Apophthegma eines forschen Piraten in den Mund, der Alexander dem Großen erwidert: „Weil ich mit einem kleinen Schiff das Meer unsicher mache, werde ich als Räuber kriminalisiert – du aber wirst als Imperator gefeiert, weil du dasselbe mit einer großen Flotte machst." (IV, 4)

Bis heute steht in der Tradition „hinter der negativen imago des Lehrers die des Prüglers", an welchen „physische Gewalt – obwohl offiziell abgeschafft – „delegiert" (Adorno, zit. nach Klaus Westphalen) und quasi legitimiert wurde durch den gesellschaftlichen Auftrag, Wissen zu vermitteln oder notfalls auch „einzubläuen". Auch aus der Antike sind uns prügelnde Lehrer bekannt, spätestens nachdem Horaz seinem Lehrer ein zweifelhaftes Denkmal gesetzt hat: „Plagosum mihi parvo Orbilium dictare – an die Diktate des Schlägers Orbilius erinnere er sich, obwohl er damals noch klein war ..." (ep. 2, 1, 70) Die „Eisenkrallen und Marterpfähle" dagegen, welche den kleinen Augustinus geschmerzt hatten, dürften jedoch eher als Metaphern psychischer Qualen zu verstehen sein, welche der rhetorischen Stilisierung des großen Rhetorikprofessors zu verdanken sind. Das übliche Prügelutensil war die ferula, der markige Stengel einer Doldenpflanze, der auch bei Sklaven als Strafrute sprichwörtlich wurde: Manum ferula subducere – die Hand unter die Rute strecken. Und auch Augustinus erinnert sich mit Grausen an diese „ferulis magistrorum" (I,14,23), die er in einem Atemzug mit den Qualen der christlichen Märtyrer nennt.

Im fortentwickelten Vokabular der pädagogischen Fachsprache wird dies heutzutage „Tatzen" genannt. Wie ein solches Strafritual pädagogisierter Gewalt auf die Psyche einer jungen Seele wirkt, zeigt die naturalistische Schilderung aus der Perspektive eines „Delinquenten" – unstilisiert und fernab von metaphorischer Verfremdung: „Stefan schloss die Augen und streckte seine zitternde Hand in die Luft. Ein heißer brennender, sengender Schlag ließ seine Hand zusammenschrumpfen wie ein Blatt im Feuer ... Der Schmerz trieb ihm brühheiße Tränen in die Augen. Sein ganzer Körper bebte vor Angst ... und seine geschrumpfte brennende und blau angelaufene Hand erbebte ... Ein Schrei sprang ihm auf die Lippen, ein Gebet um Freilassung. „(James Joyce, Porträt des Künstlers als junger Mann).

Weit schmerzhafter aber als brutale Brachialgewalt empfand der junge Augustinus die latenten Qualen psychischer Gewalt, der subtilen Schwester der physischen Variante: „Schon als Kind liebte ich nicht die Schularbeiten (litteras) und hasste (oderam) es, wenn ich dazu gedrängt wurde; trotzdem aber wurde ich dazu gezwungen." Aus seinen ersten Schulerfahrungen zieht der sensible Schüler ein generelles Fazit: „Niemand aber handelt gegen seinen Willen gut – nemo autem invitus bene facit." (I, 12,19)

Insbesondere das Erlernen der griechischen Fremdsprache sei ihm durch pädagogischen Zwang a priori verleidet worden: „... denn von diesen Vokabeln kannte ich keine einzige und wurde zum Lernen dieser mit wilden Drohungen terrorisiert ..." (5) Das Schreckensszenario seines Fremdsprachenunterrichts ist gespickt mit Verben aus dem Wortfeld bedrängen (urgere) und zwingen (cogere) oder hassen (odisse), mit Emotionen wie Angst und Pein (metus ac cruciatus) und gipfelt in der Metapher „Höllenfluss der Schule" (flumen tartareum). Sein Unterricht in der Ursprache des Neuen Testaments wurde damit, wie man heute sagen würde, so „nachhaltig" gestört, dass er „auch später mit dem Griechischen nicht recht vertraut wurde und ... keinen unmittelbaren Zugang zur Theologie und Exegese des Ostens fand." (M.Fuhrmann, Rom in der Spätantike, S. 196) Die Bibelübersetzung aus dem Griechischen musste er Hieronymus überlassen.

Ganz anders als der spielerische Spracherwerb in seiner Muttersprache, das „ludendo discimus,": „Die lateinischen Wörter kannte ich als Kind zwar auch noch nicht, aber ich war neugierig darauf und erlernte sie ohne Angst und Pein unter den Koseworten der Ammen und den Scherzen der Menschen, die mir zulachten und mit mir spielten. Ich lernte freiwillig, ohne von dem drohenden Damoklesschwert der Strafen bedrängt zu werden – didici sine poenali onere urgentium ..." (I,14,23)

Die Traumata von Schulqualen sind zeitlos und ubiquitär, und selbst aus der Lehrerperspektive klingt das Wort Schule nicht besser: „Willst du mit einem einzigen Wort alle Arten von Schweiß, Stress und Intrigen zusammenfassen, dann sage einfach Schule (vis genus omne laboris ... invidiasque una dicere voce: schola) „so dichtete zur Humanistenzeit der Heilbronner Rektor Johannes Lusatius (1551–1593). In denselben Chor der Leidgeprüften stimmen auch so manche Schüler mit prominentem Namen ein: „Schule war für uns Zwang, Öde, Langeweile", erinnert sich Stefan Zweig, um auf dieses Trikolon noch draufzusetzen: „Ein stumpfes, ödes Lernen." Insbesondere das Abfragen in den Alten Sprachen wird als inquisitorisches Verhör empfunden. Was Augustinus als „Folterwerkzeuge" (tormenta) bezeichnet hatte, wurde später in sublimierter Form zu „examinatorischen Daumenschrauben" (Johannes Scherr) verfeinert, die dem Probanden angelegt werden. Und der Schriftsteller Alfred Andersch, der mit dem Griechischen ebenso auf Kriegsfuß stand wie der junge Augustinus, definierte ein solches Abfrage – Verhör lapidar als „ein Unglück: So muss es sein, wenn man von einem Auto überfahren wird." Zu seinem Folterknecht wurde ein Schulleiter, der es mit sadistischem Geschick verstand, altphilologische Kompetenz in zynischer Weise zu disziplinarischen Waffen zu missbrauchen. Dass dieser kein Geringerer war als der Vater des SS-Reichsführers Heinrich Himmler, gab seinem „Unglück" noch einen besonderen Beigeschmack – Zynismus des Schicksals.

Große Geister aber haben das Potential, am Unglück nicht zu zerbrechen, sondern zu reifen. Friedrich Schiller litt als Schüler der Karlsschule unter der Knute des Schulherrn Carl Eugen, der für ihn – in Anspielung auf den Kindermörder von Bethlehem – schlicht „der alte Herodes" war, da er ihm seine Kindheit geraubt hatte. „Mit zitternder Angst" sagten die „Eleven" ihren Katechismus auf, weil jeder Fehler mit Stockschlägen bestraft wurde. (R.Safranski, Schiller, S. 31) Dieser „Sklavenfabrik" entronnen reifte der junge Schulrebell zum großen Freiheitsdramaturgen und resümierte: „Falsche Begriffe führen das beste Herz des Erziehers in die Irre, desto schlimmer, wenn sie sich dabei mit Methode brüsten ..."

Der Schüler Augustinus, der von sich stolz behaupten konnte, dass „es ihm nicht an Begabung (ingenium) mangelte" (I, 15), besaß dieselbe Gabe. Er konnte abstrahieren und aus persönlichen Erfahrungen allgemeine Maximen ableiten. Sein Resümee greift der Prügelpädagogik seiner Zeit um Epochen voraus und ist mit dem Zauberwort „Motivation" (Eurhythmie o.ä. kannte er noch nicht) schon recht nahe an den Visionen der neuzeitlichen Reformpädagogik: „Daraus geht klar hervor, dass freie Wissbegierde (libera curiositas) beim Lernen weitaus effektiver ist als angsteinflößender Zwang." (6) Wenn man später erfährt, zu welch wohlgeratenem Prachtexemplar an Bildung und Charakter sein unehelicher „von Gott gegebener" Adeodatus sich unter dieser Erziehung entwickelt hat, scheinen Theorie und Praxis der väterlichen Pädagogik in Einklang gestanden zu haben: „Du hattest ihn gut gemacht; denn er wurde von uns nach deiner Diszipin großgezogen – nutriebatur a nobis. „(IX, 6, 14)

Seine Kritik bleibt aber nicht bei Methodik und Didaktik stehen, sondern greift darüber hinaus auch die Inhalte der damaligen „Lehrpläne" massiv an: Nützlich sei für ihn nur der Unterricht in den elementaren Grundkenntnissen des Lesens und Schreibens gewesen, nicht aber die Lektürekurse in der Oberstufe, wo „man mich zwang, die Irrfahrten irgendeines unbekannten Äneas mir einzuprägen (tenere) und über den Tod Didos zu weinen, die aus Liebe Selbstmord beging ..." Das Thema Suizid hat Augustinus grundsätzlich beschäftigt – in „de civitate Dei" (I, 17 –20) mit Reflexionen über die vergewaltigte Lucretia. Und kaum eine andere „Schullektüre hat ihn so tief beeindruckt" wie die tragische Romanze zwischen Dido und Äneas, die sich „psychohistorisch" (Kurt Flasch) in der schmerzhaften Trennung des mutterfixierten Augustinus von Monnica, seiner „mater pietate fortis", widerspiegelt. Die Rolle des fürsorgenden Vaters dagegen beschränkt sich auf die mühevolle Finanzierung der Schulausbildung für seinen Filius. Ansonsten bleibt er dem Sohn durch Anekdoten in Erinnerung: Als er ihn in die Thermen begleitet, beobachtet der stolze Vater, wie der Sprößling auf den Anblick nackter Frauen mit klaren Symptomen männlicher Potenz reagiert. Amüsiert und in unverhohlener Genugtuung konstatiert er dessen „pubertierende" Erektion: „Vidit pubescentem" (II, 3, 6).

Doch sein Plädoyer zur – wie didaktische Amateure heute sagen würden – „Entrümpelung der Lehrpläne" wird zu einem grundsätzlichen Verriss: „… Wenn ich frage, was man zum größeren Nachteil für das Leben vergisst, Lesen und Schreiben oder leere Dichterphantasien, dann ist für jeden die Antwort doch klar …" Auch Homer sei im Grunde, wenn auch auf unterhaltsame Weise, nur „ein eitler Schwätzer „gewesen (dulcissime vanus).

Die traditionelle Mythologie so respektlos zu attackieren, ist so mutig, wie den ethischen Nutzen von Erzählungen der Gebrüder Grimm, die Sagen vom Drachentöter Siegfried oder Märchen über nationale Urtugenden infrage zu stellen. Und dabei den Klassiker Vergil, das Nonplusultra im geheiligten Literaturkanon, vom Sockel zu stürzen, grenzt an Blasphemie: „Was schreibt doch dieser Vergil, den schon die kleinen Knaben lesen müssen, damit dieser große Dichter – vom kindlichen Gemüt eingesogen – nicht so leicht vergessen wird …" (De civitate Dei I, 3) Indem er jungen Römern ihren Sendungsauftrag „du Römer, denke daran, die Welt zu regieren „(tu regere imperio populos, Romane, memento) mit auf den Weg gebe, habe er sie mit politischer Indoktrination belastet (De civ. Dei, V, 12). – So fundamental an der Legitimation des römischen Imperialismus rütteln kann nur, wer die Schwelle vom schulischen Querulanten zur prinzipiellen Ideologiekritik zu überschreiten wagt.

Wer bereits als Schüler den Sinn von Lernstoff kritisch „hinterfragt", hat das Zeug für einen mündigen Bürger und kann es später mal weit bringen – bis zum Kirchenpatriarchen oder auch zum Premierminister des United Kingdom. Mit „Blut, Schweiß und Tränen" – nicht nur der Schulzeit – war auch Winston Churchil bestens vertraut. In seinen Memoiren erzählt er genüsslich, wie er als Siebenjähriger an seinem Elite-Internat die Deklination von mensa (Tisch) „herunterschnurren" musste, ohne den Sinn zu verstehen. Seine wiederholten Nachfragen „Was bedeutet das?" stießen beim Vokativ „O Tisch" an die Geduldsgrenzen des Lateinlehrers: „Du gebrauchst es eben, wenn du mit einem Tisch sprichst." „Aber das tu ich doch nie!" Worauf die pädagogische Bankrotterklärung folgte: „Wenn du hier frech wirst, wirst du bestraft werden ..."

Der Folterkammer Schule entronnen wird ein anderer „frecher" Schüler später als „größter Gottesmann seit den Aposteln „(Luther) in die Geschichte eingehen. Der „niemals genug gelobte Augustinus" habe theologisch „für die Kirche mehr geleistet als die meisten Konzilien." Mit großer Genugtuung registriert Luther, wie das Gros der Studenten den Vorlesungen über Aristoteles den Rücken kehrt und zu Augustinus überläuft: „Unsere Theologie und St.Augustin machen rüstige Fortschritte und beherrschen dank Gottes Fügung unsere Universität." (18.5.1517) Als Mönch im Kloster der Augustiner nach den strengen augustinischen Regeln herangebildet, hat sich der spätere Stadtpfarrer von Wittenberg auch gerne verglichen mit dem „armen, geringen Pfarrherr von Hippo" – Tiefstapelei, die weder dem internationalen Ansehen des Reformators selbst gerecht wird noch dem „größten aller Kirchenlichter", der bis heute als „einer der tiefsten Denker aller Zeiten" gilt. (Wilfried Stroh) gilt. In Hippo Regius (im heutigen Algerien) war Augustinus nach Jahrzehnten des physischen wie geistlichen Nomadisierens sesshaft geworden und hatte dort ab 391 seinen „zweiten geradezu statuarischen Lebensabschnitt, die 4 Dezennien währende Zeit des Bischofsamts" (Fuhrmann) eingeleitet.

## 3. Brutus – Vatermörder und Muttersohn, Blutsauger und Kredithai

Was Augustinus mit dem Cäsarmörder verbindet, deutet Cicero zwischen den Zeilen eines Briefes an Atticus an, als er Brutus mit seiner Mutter Servilia gleichsetzt: „Servilia, das heißt Brutus ... Serviliae, id est Bruto" (Ad Att. XV, 18). Man muss nicht gleich die Ödipuskeule aus der Psychokiste hervorkramen, um festzustellen, dass beide Helden, der Freiheitsheld wie der des Glaubens, unter der Obhut dominanter Mutterpersönlichkeiten standen: Monnica war besessen von der Idee, ihren Sohn zu sexueller Abstinenz und zölibatärer Lebensform zu erziehen; sie hatte nicht einmal Skrupel, dessen Lebenspartnerin und Mutter eines gemeinsamen Kindes in die Wüste zu schicken. So wie sie mit Argusaugen über dem Sexualleben ihres Augustinus wachte, steuerte und dirigierte Servilia das politische Wohl und Wehe ihres Brutus. Nach den Iden des März, als immer neue Meldungen über die militärische Lage sich überschlagen, wird sie in seiner Abwesenheit zur Schaltstelle der Kommunikation. Nachdem die Provinz Syrien von Brutus' Schwager Cassius, dem Kopf der Verschwörung, eingenommen wurde, wird dies zunächst Servilia gemeldet, dann erst Cicero.

Dieser, der vom Sohn einer Servilia mehr Präsenz und mehr Entschlossenheit einfordert, wendet sich an Atticus: „Von Brutus, sagst du, weißt du nichts. Aber Servilia berichtet, Scaptius (ein besonders unangenehmer Agent des Brutus, von dem noch die Rede sein wird) sei erschienen, ohne großen „Pomp" (sine pompa), und er werde auch heimlich zu ihr kommen und ich werde von ihr alles erfahren. Sie erzählte, inzwischen sei auch ein Sklave des Bassus gekommen, der meldete, dass die Legionen von Alexandria zum Angriff bereit seien und ..." (Ad Att. XVI, 8) Für die Analyse militärischer Lageberichte und brisanter Informationen politischer Art wird die Mutter des Attentäters zur ersten Adresse – nicht der Senat oder Cicero. De facto der „Fraktionsvorsitzende der republikanischen Opposition, steht dereinstige „pater patriae" hier in der zweiten Reihe hinter der Brutus-Mutter. Dabei beschränkt sich ihre Rolle nicht auf bloßes Strippenziehen. Noch deutlicher wird die mütterliche Dominanz bei politischen Sitzungen, in denen sie Regie führt. Von einer solchen Krisensitzung im Juli 43 v. Chr., die Servilia kurzfristig einberuft und hierzu auch Cicero förmlich „einbestellt", berichtet dieser ihrem Sohn:

„... Da wurde ich von der klügsten und umsichtigsten Frau, deiner Mutter (prudentissima et diligentissima) – deren gesamte Sorgen sich einzig nur um dich drehen – gebeten, am 25. Juli mich bei ihr einzufinden. Ich kam pünktlich, dennoch waren Casca, Labeo und Scaptius bereits anwesend. Sie aber führte das Wort ..." (Ad Brutum 17) Es ging schlicht um die Frage, ob man Brutus mit seiner Armee nach Italien zurückbeordern solle oder nicht. Dass die Mutter hierbei politische Schwergewichte konsultierte und deren Statements quasi hinter dem Rücken des in der Ferne weilenden Feldherrn einholte, könnte noch mit dessen kriegsbedingter Absenz zu erklären sein. Doch auch bei einem früheren konspirativen Treffen in Antium, nur 3 Monate nach dem Attentat von den Iden des März, wurde der Cäsarmörder trotz höchstpersönlicher Anwesenheit von seiner Mutter ebenso beiseite geschoben und übergangen:

„Quid placeret? Was er tun solle" (Ad Att. XV, 14) hatte er ratsuchend in die Runde gefragt, als er per Senatsbeschluss unter dem Vorwand der Getreideversorgung in den Osten abgeschoben werden sollte. Während die anderen sich darüber ereiferten, hatte die resolute Mutter bereits für ihren als Zauderer bekannten Filius entschieden. Sie schuf Fakten und setzte kurzerhand die Rücknahme des Dekrets durch. „Seinem Charakter entsprechend folgte Brutus oft dem Rat seiner Mutter" ... und so ist Ciceros scheinbarer Versprecher „Servilia i.e. Brutus" von „allgemeinerer Bedeutung für das Verhältnis von Mutter zu Sohn." (Schuller, Cicero S. 194) Als Cicero 58 v. Chr. seinem Bruder von Zahlungen an Brutus – der damals dem Gelde leidenschaftlicher nachjagte als später den Idealen der Republik – berichtet, nennt er ihn „Caepio" (Zwiebelkopf). Ein Cognomen, das seine Mutter aus der gens Servilia mitgebracht hatte und Brutus somit als „Muttersohn" ausweist.

Dennoch kam es bei diesem Treffen noch zu einem Eklat, weil Cicero es gewagt hatte, die halbherzige Durchführung des Attentats zu kritisieren. So etwas kann man vor dem Plenum gestandener Senatoren von sich geben, nicht aber in Gegenwart einer Servilia. Mit dem Attentäter persönlich sind auch dessen Gattin Porcia und seine Schwester Tertulla zugegen, aber es ist allein die Matriarchin selbst, die dem großen Redner so in die Parade und übers eloquente Maul fährt, dass dieser sofort abbricht: „Repressi ... ich verstummte„- ein seltenes Wort aus dem Munde eines Cicero.

Dabei hatte er lediglich seine altbekannte Leier wiederholt: „Zwar mit männlichem Mut, aber mit kindlichem Verstand ... consilio puerili ..." (Ad Att. XIV, 21) habe Brutus gehandelt. Er habe nur eine halbe Sache gemacht, da er Cäsars „Codictator und Thronerbe" (regni heredem) Marc Anton übersehen habe. Vielleicht hätte er – mutatis mutandis – auch am Attentat vom 20. Juli 1944 bemängelt, dass ein neuer „Brutus" unter dem Namen Graf Schenk von Stauffenberg nur den Tyrannen selbst im Visier hatte, aber dessen Spießgesellen – Himmler, Göring & Co – übersah.

Die Kombination von Muttersohn mit Vatermörder ist mythologischen Ursprungs – der antike Ödipus von Theben hatte seinen Vater erschlagen und dann seine Mutter geheiratet. Die Beziehung zwischen Cäsar und Servilia muss eine enge, leidenschaftliche und konstante gewesen sein. Nicht wegen einer sündhaften teuren Perle von 6 Mio Sesterzen – dies könnte noch als großzügiges Geschenk eines Galans an seine Mätresse verbucht werden – sondern aufgrund einer beiderseitigen, tieferen Kongenialität. Dazu kamen die auffallenden Privilegien, mit denen Cäsar Servilias Sohn bedachte und seine Karriere protegierte. Kurz: Anlass genug, um über ein leibliches Vater-Sohn-Verhältnis zu spekulieren. „Es kommt alles darauf an, was er will. Aber was er will, das will er ganz ... Quidquid vult, valde vult" – soll Cäsar über Brutus gesagt haben. (Ad Att. XIV, 1) So spricht ein stolzer Vater über seinen Sohn, der ganz nach dem Papa geraten ist.

Das – laut Cicero – „kindliche Gemüt" des Attentäters zeigt sich auch weiter nach der Tat: Brutus soll den noch blutigen Dolch in die Höhe gerissen und dabei nichts anderes als „Cicero!" ausgerufen haben – ausgerechnet den Namen dessen, der „wegen seiner notorischen Unzuverlässigkeit" (Fuhrmann) in die geheimen Attentatspläne nicht einbezogen worden war. Und „die allgemeine Orientierungslosigkeit" (Schuller) offenbart sich, als die Attentäter, um sich für ihre Flucht freien Abzug zu sichern, Geiseln fordern und Brutus noch am Abend zusammen mit Cäsars Anhängern speist. Danach erlebt er das Schlimmste, was einem Freiheitshelden widerfahren kann: Der ermordete Tyrann wird mit einem Staatsbegräbnis erster Klasse gefeiert. Mit ungläubiger Fassungslosigkeit schildert Cicero das tumultartige Crematoriumszenario mitten auf dem Forum, begleitet von „Grabreden voller Lobeshymnen". Besonders entsetzt ist er darüber, dass Brutus dem sogar formell – in der Senatssitzung vom 18. März – seine Zustimmung gegeben habe. Und Atticus ruft aus, damit „sei alles verloren – causam perisse" (Ad Att. XIV, 10).

Ciceros anfängliche Euphorie über „die denkwürdige und beinahe göttliche Tat – res a te gesta memorabilis et paene caelestis "(Ad Brutum 4,2), zu der er dem Mörder persönlich gratuliert, weicht zunehmend dem Rätselraten über die Strategie des großen Helden. Man munkelt, er verstecke sich in Lanuvium. (7) In Rom, wo sein Platz wäre, wird seine Präsenz schmerzlich vermisst. Später wird es gar zu einem Dauerthema in Ciceros Briefen, die Rückkehr des Helden der ersten Stunde aus dem Osten wenigstens auf die Apeninnen-Halbinsel zu beschwören. Aus „Wo ist Brutus?" wird immer mehr „wo bleibt er und was will er eigentlich?" Und als der Zauderer sich einmal ratsuchend an Cicero wenden will, winkt der ansonsten um – gebetene oder ungebetene – Ratschläge nie Verlegene frustriert ab: „Ich weiß wirklich nicht, was er von mir will und was für einen Rat ich ihm geben könnte ... quid consilii adferre possum." (Ad Att. XV, 1)

Schon 5 Wochen nach den Ideen des März wird „die größte Tat seit Menschengedenken" zurecht gestutzt auf das ernüchternde Paradoxon: „Eine herrliche, aber zwecklose Tat" – wie er am 22. April an Atticus auf griechisch konstatiert. Ob „kales" (herrlich und schön) oder „atelous" (zwecklos und unvollendet) – an Brutus bleibt mit dieser Tat der Fluch des Vatermörders bis in alle Ewigkeit hängen, den ihm noch in seinem letzten Atemzug der sterbende Cäsar mit seinem „Auch du, mein Sohn Brutus (kai sy, teknon)" nachgeworfen hatte. Wie auch immer man dabei das Rätsel um den änigmatischen Vokativ „teknon" (Kind) lösen mag, indem man es in metaphorischen Klimmzügen zu einem Abstraktum verbiegt – es bleibt immer etwas hängen (semper aliquid haeret). Es ist das Stigma des Verräters, das in der Rezeptionsgeschichte des historischen Brutus haftet. Auch nach seinem Selbstmord zwei Jahre später muss die Figur des Brutus damit „weiterleben." – Von Dante werden die größten Verräter der Weltgeschichte gnadenlos abgeurteilt und in das ewige Inferno seiner Divina Commedia verdammt. So nimmt es kein Wunder, dass hier gleich neben Judas auch der andere große Verräter namens Brutus Höllenqualen erleidet und „sich in stummen Qualen windet ... e Bruto – vedi, come si storce." (Inferno, 34, 66)

Der Dichter Rudolf Binding erzählt, wie er in seiner Schulzeit – völlig unerwartet für seinen Lehrer – sich auf die Seite der rebellierenden Mitschüler geschlagen habe und dafür von diesem mit „auch du, mein Sohn Brutus" – zuerst deutsch, dann eindringlich nochmals auf griechisch – abgestraft wurde: „Auf dem Heimweg fühlte ich mich als gezeichneter Verräter, als Verschworener ... ich fühlte die Möglichkeit eines Mordes in mir.

„(R.Bindung, Erlebtes Erzählen 1927). „Auch, du mein Brutus" – mehr als nur ein historisches Bonmot: Cäsars postumer Rachepfeil mit der von Gewissensbissen vergifteten Spitze trifft seitdem tief in das Herz eines jeden Brutus.

Den Namen Brutus (= der „Dummkopf") verdankte der Cäsarmörder einem besonders intelligenten Vorfahren, der sich dumm gestellt hatte, um so unter der Tyrannis des Tarquinius Superbus zu überleben und später diesen sogar zu entmachten. Aus der Assoziation von dumm mit roh und gewalttätig wurde „brutal". Und Cicero war auch diese brutale Seite seines Brutus nicht fremd, obwohl er „durch politische Denkungsart ... und Sympathie seit Jahren mit ihm verbunden war ... und seine Korrespondenz mit ihm an Offenheit der mit Atticus nur wenig nachstand." (Fuhrmann, Cicero S. 296) Bei einem früheren Zusammentreffen – besser krachendem Zusammenstoß – auf politischer Bühne steht er befremdet einem Brutus gegenüber, der mehr vom Reiz des Geldes als von den hehren Idealen der Republik beflügelt zu sein scheint – befremdet vor allem über dessen kapitalistisches Finanzgebaren bei der Rückforderung von Krediten.

Als künftiger Statthalter von Kilikien ist Cicero über die bisherige Ausbeutung seiner Provinz bereits vor Amtsantritt 50 v. Chr. bestens informiert. Verantwortlich hierfür sieht er seinen Amtsvorgänger Appius Claudius, dem mit tiefstem Misstrauen und herzlichster Antipathie zu begegnen er ausreichend persönliche Gründe hat – schließlich handelt es sich um den Bruder seines Erzfeindes Clodius. „Völlig ruiniert, bis aufs Blut ausgesaugt und quasi schon halbtot (enectam)"habe er ihm das arme Land überlassen worden. (Ad Att. VI, 1, 2) Zur Eintreibung von Steuern war auf Zypern eine Reiterabteilung eingesetzt worden, welche den Rat der dortigen Stadt Salamis einschließen und aushungern sollte – mit „Erfolg". Mit Entsetzen berichtet Cicero, dass „bereits fünf Senatoren an Hunger gestorben seien ... fame morerentur." (8)

Diese „Inkasso-Spezialtruppe" augenblicklich des Landes zu verweisen wird zur ersten Amtshandlung des neuen Statthalters. Noch mehr aber ist Cicero entsetzt, als er scheibchenweise erfahren muss, wie tief sein Freund Brutus in diese und ähnliche Machenschaften verstrickt ist. Mit seinem spektakulären Repetundenprozess gegen den Statthalter von Sizilien hatte er einst nicht nur für Furore, sondern auch für neue Maßstäbe politischer Moral gesorgt. Nun kann er selbst zeigen, wie korrekte Provinzialverwaltung geht. Doch als er sich anschickt gerade das zu demonstrieren, kommt ihm ein besonders smarter, skrupelloser „Geschäftsmann „namens Brutus in die Quere:

„Nun höre von Brutus!  D e i n  Brutus" – schreibt Cicero an Atticus, die enge Bindung zwischen den beiden mit dem nachgeschobenen Possessivpronomen herausstreichend – „ist mit gewissen Geldgebern (creditores) von Salamis auf Zypern befreundet, die er mir ganz besonders ans Herz gelegt hat, vor allem mit Scaptius ... Als nun sein Scaptius zu mir ins Heerlager kam, versprach ich ihm – Brutus zuliebe (Bruti causa) – dafür zu sorgen, dass die Salaminer ihm ihre Schulden zahlen werden. Er bedankte sich dafür ... egit gratias" (Ad Att. V, 21). Man verabschiedet sich in höflichem Einvernehmen. (9) Zu diesem Zeitpunkt aber ist Cicero noch in festem Glauben, es gehe dabei um Gelder von Freunden des Brutus – die Wahrheit wird er erst später erfahren.

Zum Eklat kommt es erst Tage später, als die Gläubiger ihre Gesamtforderung auf den Tisch legen: 200 Talente und damit fast die doppelte Höhe des Nettokredits. Geld arbeitet eben, besonders fleißig bei einem Zinssatz von 4% – nota bene: pro Monat – somit also 48% per anno. Wucherzinsen zu verschleiern, indem man sie auf monatliche Quoten herunterrechnet, ist heutzutage dank Verbraucherschutz selbst den windigsten Kreditvermittlern nicht mehr möglich und nur noch beim Fiskus oder anderen staatlichen Institutionen (z. B. Rentenversicherung o.ä.) üblich. Dazu satteln Brutus' Agenten noch Zinseszinsen drauf, wobei Cicero wie oft bei heiklen Themen auf griechische Vokabeln ausweicht. „Anatocismos" – klingt nach einer toxischen Substanz, einer Mixtur aus Pest und Cholera. In der spätantiken Gesetzgebung werden Zinseszinsen kategorisch verboten: „Usurae usurarum nullo modo exigantur – Zinsen für Zinsen dürfen auf keine Weise eingefordert werden." (Codex Iustinianus 4, 32) Und auch im heutigen Recht gelten Vereinbarungen über Zinseszinsen als sittenwidrig und daher „nichtig" (§ 248 BGB).

„Cohorrui primo; enim erat interitus civitatis – im ersten Augenblick war ich starr; denn das wäre der Untergang der Gemeinde" berichtet Cicero angesichts der Wucherforderung. Also konfrontiert er Scaptius mit einer korrekten Forderungsaufstellung: „Der Kerl brüllte vor Wut ... Von denen, die dabei waren, schrieen die einen, es gebe nichts Unverschämteres, die anderen nichts Dümmeres als Scaptius. Mir selbst erschien er eher unverschämt (impudens) als dumm ..." (V, 21, 12) Zeige mir deine Freunde (oder Handlanger) und ich sage dir, wer du bist: In Cicero wachsen Zweifel am Charakter seines Brutus, der über derart dubiose Strohleute aus dem Hintergrund agiert und ihn dabei für seine dunklen Geldgeschäfte einspannen will. Er fühlt seine statthalterliche Amtsgewalt ebenso missbraucht wie seine freundschaftliche Loyalität: „Wenn Brutus meinen Standpunkt nicht akzeptieren will, dann weiß ich nicht, weshalb ich ihn lieben sollte ... nescio, cur illum amemus." (V, 21,13)

Mit seinen kapitalistischen Attitüden hatte Brutus, von lukrativem Gewinnstreben getrieben, seinen Cicero in ein Dilemma gestürzt: Der Name des Verres-Anklägers stand für Integrität und bürgte für korrekte Amtsführung. Per Edikt hatte der Statthalter jeglicher Art von Ausbeutung den Kampf angesagt und in einem umfassenden „Antikorruptions-Programm", das er Atticus gegenüber erläutert und begründet (Ad Att. VI, 1, 15), quasi zur persönlichen „Chefsache" gemacht. Dazu gehörten auch eindeutige Normen, die „alle finanziellen Belange" regulierten, vom „Etat der Kommunen" bis hin zu „Schulden und Zinssätzen ... de aere alieno, de usura..." Der Zinssatz war darin amtlich und gesetzlich bindend auf 12 % festgelegt worden – diesen in Frage zu stellen wäre so verwegen wie heute an der heiligen Zinsordnung der EZB zu rütteln. „Possumne contra meum edictum ... wie kann ich denn gegen mein eigenes Edikt verstoßen?", fragt er fast verzweifelt, während Brutus ihn in seinem Gewissenskonflikt zwischen Amtspflichten und Freundschaftsdiensten weiter schwitzen lässt.

Dieser innere Konflikt eskaliert, als Cicero eine Neuigkeit erfährt, die Brutus offenbar selbst seinem Fürsprecher Atticus vorenthalten hatte: „... und nun höre, was dir wie mir bislang unbekannt war: Noch niemals habe ich von Brutus gehört, dass es sich dabei um sein eigenes Geld handelt. Ich habe sogar ein Verzeichnis von ihm, in welchem ausdrücklich steht: Die Salaminer schulden m e i n e n   F r e u n d e n ... Jetzt aber knallt mir sein Scaptius einen Brief von Brutus hin, in dem er schreibt, das ganze Geschäft laufe auf sein eigenes Risiko ... illam rem suo periculo esse." (VI, 1, 5) In die klaffende Lücke zwischen Freund und Pflicht schiebt sich nun Verbitterung. Cicero fühlt sich gelinkt und ist menschlich tief enttäuscht: „Wenn Brutus der Meinung ist, ich hätte ihm 48 % Zinsen bewilligen sollen, während ich in der ganzen Provinz sonst auf die Einhaltung von 12 % wache, so wie ich sie in meinem Edikt öffentlich verkündet hatte ..., dann werde ich zwar bedauern, dass er mir zürnt, noch weit mehr aber, dass er nicht der ist, für den ich ihn bisher gehalten hatte – non talem, qualem putassem."

Aber nicht nur seine Freundschaft mit Brutus bekommt Risse. Das sperrige Thema Brutus belastet auch zunehmend seine Beziehung zu Atticus, dem Bindeglied zwischen beiden. Diesem hatte es Brutus zu verdanken, dass sich Cicero um diesen als „dritten in ihrem Bunde" über die Maßen bemüht: „Dein Freund Brutus" (familiaris tuus) gehört zu Ciceros Sprachgebrauch, und wenn er gegenüber Atticus von „deiner Freundin" (familiaris tua) spricht, meint er die Frau, die für Brutus (und auch für Cäsar) von zentraler Bedeutung war – dessen Mutter Servilia. „Jetzt komme ich zu Brutus: Auf dein Betreiben hin (te auctore) habe ich ihn herzlich umarmt und hatte schon begonnen, ihn beinahe lieb zu gewinnen, bin aber schnell wieder auf Distanz gegangen ... Um deinetwillen hatte ich ihm Ämter und Posten an seine Agenten versprochen ... Denn ich habe nicht vergessen", erinnert sich Cicero, "was du mir in manchen Briefen geschrieben hattest: Wenn ich aus meiner Provinz nichts anderes mitbrächte als nur dessen Wohlwollen, so sei das mehr als genug – illius benevolentiam mihi satis esse ..." (VI, 1, 3)

Sogar unter "Einsatz von Tränen" (flens) habe Atticus sich für Brutus bei ihm eingesetzt und so erreicht, dass Cicero ihm zuliebe auf allerlei faule Kompromisse eingegangen sei, für welche er bei Brutus aber nur groben Undank ernte: "Während er an dich Briefe in herzlichstem Ton schreibt, pflegt er mir aufgeblasen, arrogant und nicht umgänglich zu antworten." (VI, 1, 7) Dass Cicero dennoch nur wenige Jahre später einem solch arroganten Widerling seine Geschichte der römischen Rhetorik mit dem Titel "Brutus" widmet und ihre Freundschaft lebenslang Bestand haben wird, dürfte nicht zuletzt an Atticus liegen. Als apolitischer Epikureer war er für die Rolle des überparteilichen Mediators wie geschaffen. Und vielleicht auch daran, dass der Unternehmer Atticus die Konditionen und Gewinnspannen bei Geldgeschäften "lockerer" als Cicero sah: Er soll selbst mit Zinsen von 100 % gut geschlafen haben – vom nonchalanten "carpe diem" ist manchmal kein weiter Weg zum gedankenlosen "carpe pecuniam". Nach Cäsars Ermordung kommt es erneut zu latenten Spannungen zwischen Cicero und Brutus, welche aus Differenzen im laufenden Austausch über die politische Lagebeurteilung erwachsen. Für Brutus bleibt es inakzeptabel, dass Cicero sich beim künftigen Machthaber Octavian (= Augustus) anbiedert. Bis ins Mark getroffen ist der Cäsarmörder aber, als er erfährt, dass Cicero einen Freiheitshelden der ersten Stunde – Casca, der als erster auf Cäsar eingestochen hatte – als

„sicarius" (Meuchelmörder) kriminalisiert. Es nützt dabei auch nichts, dass ihre Freundschaft inzwischen auch durch interfamiliäre Kontakte gestärkt ist: Der im Osten des Imperiums kämpfende Brutus empfiehlt Mutter, Schwester und deren Kinder der Fürsorge Ciceros, während er selbst gleichzeitig sich für Ciceros Sohn Quintus in seinem Feldlager verantwortlich weiß. Und zum Tode von Ciceros Tochter Tullia bzw. Brutus' Ehefrau Porcia, Catos Tochter, kondoliert man sich wechselseitig.

Atticus ist erneut in der Vermittlerrolle gefragt. Obwohl die beiden sich ansonsten in intensiver Korrespondenz die Finger wund schreiben, lässt Brutus erst in einem vertraulichen Schreiben an Atticus seine tiefer liegenden Ressentiments gegenüber Cicero aus dem Sack: „Ich halte nichts mehr von den großspurigen Attitüden dieses aberwitzigen Schlaukopfs (homo prudentissimus). Was nützen ihm jetzt all seine selbstherrlichen Phrasen über Freiheit, Patriotismus und Würde, über Tod, Exil und Armut? Er soll endlich aufhören, mit seiner Prahlerei noch Salz in meine Wunden zu streuen! In Demut (supplex) soll er sein Leben fristen, wenn er sich für sein Alter, seine Ehren und Taten nicht schämt ... gloriando insectari dolores nostros", schreibt er tief angefressen an Atticus sich seine Erbitterung von der Seele. „Sonst immer ruhmredig", offenbare er sich jetzt als Hasenfuß „voll von törichter Angst – magnam stultitiam timoris." (10) Keine sachliche Klärung von Differenzen in der politischen Agenda, sondern ein persönliches Hauen und Stechen.

Der edle Brutus rechnet eben nicht nur in Sesterzen ab, sondern zahlt auch mit der baren Münze von Animositäten heim, welche versteckt und tief ruhen „in der heiligen Brust des hochherzigen Mannes ... In sancto pectore magnanmi viri" – wie Lukan in seinem Epos über den Bürgerkrieg glorifizierend schwelgt. (11). Was kann einem Freiheitshelden Höheres widerfahren als posthum heilig (sancto) gesprochen und zugleich mit dem epischen Epitheton „magnanimus" dem edlen Äneas gleichgestellt zu werden? So kann mit schwülstiger Panegyrik weggewischt werden, dass in „der „Zierde des Reiches und der letzten Hoffnung des Senats ... decus imperii, suprema spes senatus" (Lukan, Pharsalia VII, 588) auch Menschliches, allzu Menschliches gärte.

## 4. Cicero(Quintus) – Machiavelli als Wahlkampfberater

Dass es unter Brüdern zu Mord und Totschlag kommen kann, ist eine anthroplogische Urerfahrung, für die man nicht bis auf Kain und Abel zurückgreifen muss. Will man es nicht so blutig und begnügt sich mit Lug und Betrug, so reicht auch das Paradigma der ungleichen Brüder von Jakob und Esau. Den Römern war der Brudermord mit Romulus und Remus bereits in die Wiege gelegt worden und den Griechen seit Eteokles und Polyneikes bestens vertraut. Auch in der neuzeitlichen Geschichte seit 1789 mussten unter der Parole „Brüderlichkeit" – der Klimax des Trikolons egalite, liberte, fraternite – so manche Köpfe rollen. Nur unter „gleichen" – im Sinne von gleich großen oder kongenialen – Brüdern gelingt märchenhafte Harmonie, wie bei dem Naturforscher Alexander Humboldt und seinem Bruder Wilhelm, dem nicht minder großen Geisteswissenschaftler. Noch „märchenhafter" geht es nur bei Grimms Märchen, deren Erzähler zu einer fraternisierten Einheit zusammengeschmolzen und nur als „Gebrüder" bekannt wurden.

Ansonsten steht des Öfteren – auch dies mit Moses und Aaron biblisch belegbar – ein Bruder im Schatten des anderen: Wer „Cicero" sagt, meint Marcus Tullius – den Redner, Staatsmann, Philosophen, vielleicht auch Universalgenie – einfach d e n Cicero, den großen oder, wie er selbst sagen würde, den größten. Dessen Verhältnis zu seinem ca. 5-6 Jahre jüngeren Bruder schwankte zwischen „allerbestem, süßestem, liebstem Bruder" (mi optime, suavissime, carissime frater) und „hinterhältigen, hasserfüllten und doppelzüngigen Denunzianten" (Ad Att. XI, 7 – 12) Zusätzlich belastet wird das familiäre Verhältnis innerhalb der Tullier durch den gleichnamigen Sohn des Quintus – in den Augen des Onkels eine linke Ratte, die „mit unvorstellbarem Hass" (mirifico odio) und „unglaublicher Heuchelei" (incredibilem vanitatem) gegen Cicero intrigiert. (Ad Att. XIII, 48) Und eine besondere Herausforderung für brüderliche Eintracht stellt Pomponia dar, die Ehefrau des Quintus und pikanterweise zugleich die Schwester von Ciceros Intimus Atticus. In ihrer Ehe scheinen des Öfteren „die Fetzen geflogen" zu sein. Cicero erzählt von einem handfesten Ehekrach, bei welchem die launenhafte Ehefrau mit patzigen Antworten reagiert und sich dann vor versammelter Gesellschaft in den Schmollwinkel zurückzieht – bei Tisch die Kommunikation und später im Bett ihre „ehelichen Pflichten" verweigernd. (12) Nicht gänzlich unschuldig am Scheitern der Ehe scheint auch der als Choleriker bekannte Ehemann Quintus gewesen zu sein, den der ältere Bruder eindringlich ermahnt, seinen Jähzorn „durch tägliche Meditation (cottidie meditere) „in den Griff zu bekommen ... Denn wenn er „in Rage gerate, lasse er jegliche Humanität vermissen" (Ad Quintum I, 38 ff) Vereint werden die Brüder letztendlich im Tode, als sie den Proscriptionen des neuen Triumvirats gemeinsam zum Opfer fallen.

Dabei gab es durchaus intensive Phasen brüderlichen Einvernehmens und fruchtbarer Kooperation. Als der „große Cicero" am 1. Mai 51 v. Chr. sein Amt als Statthalter von Kilikien – mehr nolens als volens – antrat, kam ihm die militärische Erfahrung des ihn begleitenden Bruders sehr zunutze, der zuvor 3 Jahre lang als Legat

Cäsars in Gallien seine Sporen verdient hatte. Kilikien war militärisches Hochrisikogebiet: Im südlichen Teil lag das Zentrum der Piraten, welche auch nach ihrer Unterwerfung durch Pompeius eine latente Gefahr darstellten, während die Ostgrenzen permanent durch die expansionslüsternen Parther bedroht waren, welche erst 2 Jahre zuvor Cäsars Verbündetem Crassus bei Carrhae das Haupt abschlugen. Hier auf dem Schlachtfeld wäre der große Meister des Wortes mit seiner geballten rhetorischen Schlagkraft „ohne seinen kriegserprobten Bruder" verloren gewesen: Erst durch diesen „wurde wettgemacht, dass ihm jegliches militärisches Können abging." (Fuhrmann, Cicero S. 174) Alleine auf sich gestellt hätte der Philosoph im Kriegshabitus so fremd und orientierungslos gewirkt wie angelernte Ministerinnen der Verteidigung von heute bei Waffenvorführungen inmitten des martialischen Ambiente eines Truppenübungsplatzes. So aber konnte er sich dank brüderlicher Assistenz später mit dem schmeichelhaften Titel „imperator" schmücken und sogar eine Ovation, die Lightversion eines Triumphzuges, sich vom Senat bewilligen lassen.

In der großen Politik spielte Quintus stets, salopp gesprochen, nur die zweite Geige: Sein cursus honorum endet mit der Prätur 62 v. Chr., der eine 3-jähriger Statthalterschaft über die Provinz Asien folgte. Ansonsten blieb er als der kleine Bruder des großen Redners für die Männer „der großen Koalition" (auch Triumvirat genannt) der geborene Mittelsmann – sowohl Cäsar wie auch Pompeius ernannten ihn zu ihrem Legaten. Umso mehr nahm er Anteil an der politischen Karriere des ehrgeizigeren Bruders, die er als dessen zeitweiliger „alter ego" mit Rat und Tat begleitete. Als der homo novus aus

Arpinum, der Newcomer aus der Provinz, sich anschickte, für das Konsulat 63 v. Chr. zu kandidieren, avancierte Quintus zu dessen persönlichem Wahlstrategen. Aus (höchstwahrscheinlich) seiner Feder entstammt ein „Handbüchlein für Amtsbewerber". In der Diminutiv-Form „commentariolum petitionis" zwar nur zu einer „flüchtige Skizze" heruntergespielt, aber von grundsätzlicher Brisanz, da hier mit moralischen Maximen recht locker und unkonventionell umgegangen wird:

„Auch wenn der Charakter das Allerwichtigste ist, darf dennoch vorübergehend mal die Verstellung und Vortäuschung Vorrang vor dem Charakter haben ... simulatio naturam vincere." Diese These, gleich im Eingang programmatisch vorangestellt, wird später nochmals appellativ bekräftigt: „Präge dir ein, dass du dich so verstellen musst, dass es authentisch und natürlich erscheint ... induc in animum ita s i m u l a n d u m esse, ut natura facere  v i d e a r e" (cp. 42). Mehr „scheinen" als sein: Das „Scheinen" (videri), also die taktische Manipulation der subjektiven Wahrnehmung, wird bei der Kunst der „Simulation" zum Schlüsselverb. Von hier kein weiter Weg mehr zu Niccolo Machiavelli und dessen Skandalwerk „Il principe", das von der Kirche postum auf die „Liste der verbotenen Bücher" (Index librorum prohibitorum) gesetzt worden war. Hier ist das Ideal des perfekten Politikers in krassem Klartext definiert als „großer Heuchler und Vertuscher – gran simulatore e dissimulatore". (13)

Hier wie dort gilt das Vorgaukeln einer fingierten Identität als Erfolgsrezept, während ansonsten die Simulation als Antithese der Tugend gilt und in Ciceros „de officiis" gleichgesetzt ist mit perfider Heuchelei:

„Das Imitieren und Vortäuschen von Tugend ist glatter Betrug ... fallax imitatio et simulatio virtutis ..." Im politischen Wettbewerb aber ist nicht Authentizität gefragt. Trumpf ist ein facettenreiches Erscheinungsbild und somit ein möglichst breites Spektrum an virtuellen Identifikationsmustern. So erweitert sich dem Kandidaten der Kreis seines Wählerpotentials – eine ebenso simple wie auch zynische Grundrechnung: Je „vielgesichtiger" und je wandlungsfähiger das Leitbild, umso zahlreicher seine „follower". Ein klares und eindeutiges Profil schadet dabei, denn es zählt nicht das „essentielle" Sein (esse) selbst, sondern dessen Performance. So mutiert der Politiker zum Schauspieler, der in der Perversion des tugendhaften „mehr sein als scheinen" denkt: „Lass deine Anhänger spüren, dass ihnen deine Hilfe bereit e r - s c h e i n t ... tuum auxilium esse videatur." (cp. 22) Und „achte darauf, dass dir auch die Dienste einfacher Leute willkommen zu sein s c h e i n e n ... eorum officium tibi gratissimum videatur." (cp. 35) Grundsätzlich dürfe der Kandidat „niemals Nein sagen" (cp. 45) und weder im Senat noch in der Volksversammlung sich auf eine eindeutige Position festnageln lassen. Hier empfiehlt der Ratgeber größte Zurückhaltung: „Haec tibi sunt retinenda." (cp. 53) Nur ein Kandidat, der sich in Fragen der aktuellen Politik nichtssagend verhalte, also ambivalent, schwammig und aalglatt, habe Aussicht darauf, von a l - l e n  Parteien als  d e r  Sachwalter („defensor") ihrer Interessen wahrgenommen zu werden.

Den Kandidaten adäquat in Szene zu setzen und sein Erscheinungsbild publikumswirksam zu frisieren, funktionierte im vormedialen Zeitalter, als es noch keine Talkshows gab, über die Steuerung der öffentlichen Meinung" – organisiert durch Umfragewerte, Klatsch und Tratsch (fama, rumor, sermo): Sorge dafür, dass „die Ohren möglichst vieler von bestem Gerede erfüllt werden ... quam plurimorum aures optimo genere compleantur." (cp. 49) Oder: „Alles dient zum Feiern deines guten Rufs ... ad rumorem concelebrandum ..." und „zum Volk soll eine positive fama gelangen ... ad populum fama perveniat." (14) Das Gegenteil war von Sokrates gelehrt worden: „Die Menschen sollten lieber der virtus selbst als nur deren Schatten nachjagen ... virtutem ipsam quam umbram eius ..." (Val. Max, Facta et dicta VII, 2)

Aber auch Machiavelli hält es mehr mit den Schatten, welche Tugenden oder Untugenden werfen: Erstrebenswert ist nicht die virtu selbst, sondern deren „fama" mit der damit verbundenen „riputazione" (Reputation) und anstelle der Großzügigkeit per se genügt deren Name ..." il nome del liberale." (XVI) Ebenso muss man nicht vor den Untugenden (vizi) fliehen, sondern nur „vor deren schlechten Ruf ... fuggire la infamia." – Wie effektiv Politik sein kann, wenn man sie von den lästigen Fesseln der Moral befreit, hat wohl kaum jemand so spektakulär vor Augen geführt wie der preußische König Friedrich der Große, als er 1740 die Gunst der Stunde nutzend seine Nachbarin Maria Theresia überfiel. Sein Antimachiavel, mit dem er noch 1 Jahr zuvor gegen Machiavellis Amoral angekämpft hatte, war für ihn Geschwätz von gestern geworden. Machiavelli, sehr gut belesen in antiker Philosophie und besonders vertraut mit Ciceros „de officiis", wo „ähnliche Dinge wie im commentariolum petitionis abgehandelt werden" (Fuhrmann, Cicero S. 259), folgert: Ein Staatsmann – so in Verdrehung von Ciceros „de officiis" (I, 11) – müsse imstande sein, auch „die Stärke von

Tieren zu benutzen ... sapere bene usare la bestia" – die Schlauheit eines Fuchses und den Mut eines Löwen (Il principe 18) – und, wie Cicero iun. hinzufügen würde – die Wandlungsfähigkeit eines Chamäleons. „Quomodo fides a principibus sit servanda – Wie ein Politiker sein Wort halten muss" hatte der Meister moralfreier Politik in der lateinischen Titulierung seines fragwürdigen Kapitel 18 gefragt und als Antwort gegeben: Um Wortbruch und Treulosigkeit (infidelita) eines verschlagenen Fuchses zu kaschieren (bene colorire), darf der „gran simulatore" nicht allzu zimperlich sein: „Wer betrügt, wird immer solche finden, die sich betrügen lassen ... che inganna, trovera sempre chi si lascera ingannare." Klingt in der lateinischen Version ähnlich wie: „Mundus vult decipi, ergo decipiatur – die Welt will betrogen sein, also soll sie betrogen werden."

Weniger direkt, aber von ähnlicher Strategie geleitet die Empfehlungen bei Quintus Cicero: „Zeige auch, dass deine Bemühungen, den Mann auf der Straße kennenzulernen, offensichtlich erscheinen ... ut appareat ..." (42) Um den Focus auf den bloßen, blendenden Schein zu lenken, führt der antike Ratgeber für scheinen neben „videri" auch „apparet" ins Feld. Es ist die etymologische Wurzel des italienischen „parere", das bei Machiavelli – im Wechsel mit dem synonymen sembrare – zum Sprachgerüst seiner Scheinwelt gehört: Tugenden oder charakterliche „Qualitäten" (le qualita) muss der Fürst nicht haben – er muss nur „scheinen sie zu haben ... parere di averlo." Wesentlich „wichtiger als „Pietät, Integrität ... und Humanität zu besitzen, sei es in ihrem Besitz zu scheinen" (... piu necessaria a parere di avere). Denn – so argumentiert der Pragmatiker der politischen

Technokratie – „die Menschen urteilen im Allgemeinen nach den Augen ... Jeder sieht, wie du erscheinst (quello tupari) nur wenige sehen, wer du bist ..." (15) Noch deutlicher wird das „menschenverachtende Menschenbild des großen Menschenkenners", wenn er von „die Menschen" (uomini) zu „il vulgo", der pöbelhaften Masse, wechselt: „Die Masse (il vulgo) lässt sich nur beeindrucken vom bloßen Schein (pare); und auf der Welt gibt es nichts als nur Pöbel ... nel mondo non e se non vulgo." Geradezu niederschmetternd sein „genereller" (generalmente) Verriss der Spezies Mensch: „Die Menschen im Allgemeinen sind undankbar, wechselhaft, Heuchler und Vertuscher – dasselbe „simulatori e dissimulatori", das er an anderer Stelle zur wichtigsten Herrschertugend erkoren hatte – „feige in Gefahren, geldgierig ... und sie vergessen schneller den Tod des Vaters als den Verlust ihres Erbes." (K. 17)

Ein im wahrsten Sinne des Wortes apokalyptisches Menschenbild, wie es der Apostel Paulus in seinem Brief an Timotheus (2. Tim. 3) an die Wand malt: „Denn in den letzten Tagen werden die Menschen selbstsüchtig sein, habgierig, aufgeblasen, undankbar, kriminell, ohne Empathie, ohne Treue, nur mit dem Schein von Pietät, aber ohne wahre virtus ..." (16) Von Paulus als Horrorvision in die Endzeit projiziert, war der Typus von verkommenen Machiavelli-Menschen für Cicero in Rom bereits Jetztzeit und vertraute Realität: „Ein Vielvölkergemisch, wo unzählige Intrigen, Betrug und Laster aller Art grassieren, wo Arroganz, Aufgeblasenheit, Bosheit, Hochmut, Hass und Ärger zu ertragen sind ..." (17) Man müsse sich daher in Acht nehmen vor falschen Freunden, weil hier „alles voller Betrug, Intrigen und Treulosigkeit sei ... fraudis ac insidiarum et perfidiae plena sunt omnia" (cp. 39)

Vor diesem Hintergrund erhalten Freundschaften, im sozialen Netz Roms der hoch sensible Lebensnerv, einen anderen Stellenwert. Weit weg vom hehren Pathos in Ciceros „de amicitia" über die Bilderbuchfreundschaft zwischen Laelius und Scipio wird hier nun der Begriff Freundschaft neu definiert: „Hoc nomen amicorum in petitione latius patet quam in cetera vita ... das Wort „Freund" hat bei einer politischen Kandidatur eine weiter gefasste Bedeutung als im übrigen Leben." (cp. 16) ... denn du kannst, was im übrigen Leben nicht möglich ist, eine freundschaftliche Beziehung mit jedem x-beliebigen Menschen anknüpfen, wo du sonst für verrückt gehalten würdest ... alio tempore absurde facere videare." (cp. 25) Im Klartext: Dein Freund, dein Wahlhelfer.

Noch tiefer – in die völlige Leere – sinkt die Freundschaft bei Machiavelli: ... „aquisitano col prezzo – Freundschaften haben ihren Preis. Wenn sich in eine menschliche Beziehung das Virus namens Utilitarismus einschleicht, kann das für die Freundschaft den sicheren Tod bedeuten. So starb auch „Machia" – wie ihn seine Jugendfreunde genannt hatten – am Ende 1527 einsam und verlassen. Auch als er nach seiner Entmachtung von den Medici verhaftet und zwei Wochen lang unter Folter verhört wurde, war von Freunden nichts zu sehen. „Die USA haben keine festen Freunde, sondern nur feste Interessen" – in schockierender Offenheit hatte der damalige Außenminister Henry Kissinger die Leitlinien der amerikanischen Außenpolitik definiert. In einem berühmten Interview mit der „The New Republic" 1972 gefragt, ob er Machiavellist sei, ließ er sich nicht ins Fettnäpfchen locken und blieb auch bei drängendem Nachhaken bei seinem klaren Nein. Schließlich hatte er von Machiavelli gelernt, dass für einen Politiker nichts so wichtig ist, wie den Schein der „virtu" zu wahren und einen schlechten Ruf zu vermeiden: „Fuggire la infamia".

## 5. Dolabella – Ciceros Schwiegersohn: Vom Traummann zum bestialischen Mörder

Tullia, besser bekannt als „Tulliola mea" – meine kleine Tullia – war zeit ihres kurzen Lebens der Augapfel (deliciae meae) und zugleich aber auch das Sorgenkind ihres Vaters. Als sie im Alter von 34 Jahren – eine Fehlgeburt hatte sie gerade überstanden – im Mutterbett starb, war Cicero durch keine Kondolenzschreiben zu trösten: Er zog sich in die Einsamkeit seines Landhauses bei Astura zurück, verfasste selbst eine eigenhändige Trostschrift (consolatio) und beschäftigte sich dort mit den Plänen für ein sakrales Monument zu Ehren der Verstorbenen. Von seiner neuen Frau Publilia, mit der er nach der Scheidung von Terentia frisch vermählt war, ließ er sich kurzerhand scheiden, da sie an seinem Schmerz zu wenig Anteil nahm; Ciceros hohen Ansprüchen an ein adäquates Mittrauern konnte sie – mit ihren 16 Jahren kaum halb so alt wie seine Tochter – nicht genügen.

Tragisch die unglücklichen Ehen der Tochter: Als 11-Jährige verlobt, mit 16 verheiratet und mit 22 Jahren Witwe. Der Vater hatte es eilig gehabt, sie unter eine standesgemäße Haube zu bringen und sie mit Calpurnius Piso Frugi aus dem Hochadel verlobt – schließlich sollte das Kind es besser haben als der Papa, der sich als homo novus den Aufstieg in Roms „establishment" erst mühevoll erarbeiten musste. Piso, der sich noch für die Rückkehr seines Schwiegervaters aus dem Exil eingesetzt hatte, erlebt aber Ciceros triumphale Ankunft in Rom nicht mehr. Nach seinem plötzlichen Tod wird für Tullia rasch ein Nachfolger gefunden: „Bezüglich unserer dich innigst liebenden Tullia hoffe ich, mit Crassipes einig zu werden", schreibt Cicero im März 56 v. Chr. seinem Bruder, um kurz darauf den Vollzug der Verlobungsfeier (sponsalia) am 4. April zu verkünden. Doch bald danach war seine Tullia wieder solo. Crassipes – wörtlich „Klumpfuß", was in der griechischen Version „Ödipus" weit besser klingt – erwies sich wohl eher als Leichtfuß und so hielt diese Ehe nur wenige Jahre.

Auf der Suche nach dem Schwiegersohn – Nr. 3 arbeitet die Familie mit vereinten Kräften, aber von getrennten Standorten aus. Cicero weilt als Statthalter in Kilikien und hält auch dort in der Ferne Ausschau nach einer passenden Partie für seine Tochter. Als er schon meint, mit Tiberius Nero, dem späteren Vater des Kaisers Tiberius, die richtige Wahl für seine Tullia getroffen zu haben, erfährt er plötzlich, dass seine Familie in Rom schneller war und schon Nägel mit Köpfen gemacht hat: „Plötzlich bin ich Schwiegervater geworden" schreibt er an Atticus (18). „Völlig unerwartet, denn ich hatte doch nach meinen Verhandlungen mit Tiberius Nero Boten zu den Frauen geschickt. Aber als sie in Rom ankamen, war die Verlobungsfeier bereits abgeschlossen – Factis sponsalibus." Fakten wurden geschaffen. Keinem Catilina, keinem Clodius war es jemals gelungen, den „allzeit wachsamen Konsul" so zu überrumpeln.

Derart vor vollendete Tatsachen gestellt, kapituliert der frischgebackene Schwiegervater und zieht sich auf die pragmatische Position Hoffnung zurück: „Sed hoc spero melius ... wird hoffentlich schon gut gehen." Denn – so die Begründung des Hoffnungsprinzips – er müsse akzeptieren, dass Frau und Tochter von „dem charmanten und höflichen Auftreten des jungen Mannes hoch erfreut sind – mulieres valde delectari obsequio et comitate adulescentis."

Cornelius Dolabella, der die Frauen so galant umgarnt, ist 8 Jahre jünger als die Braut und stammt aus der renommierten Patrizierfamilie der Cornelier. Klangvoll auch sein Cognomen: Dolabella klingt zwar wie Musik, steht aber für den üblen Ruf eines „stadtbekannten Wüstlings", der sich in Ehe und Familie „überaus roh" und in der Politik „als cäsarischer Ultra gebärden wird." (Fuhrmann, Cicero S. 184) Wie es sich für einen Angehörigen des dekadenten Hochadels geziemt, war er hoch verschuldet und nach diversen Eskapaden von seiner ersten Ehefrau Fabia geschieden; sogar vor einer Affäre mit Marc Antons Ehefrau Fulvia, die für ihn nicht ohne Nachspiel blieb, soll er sich nicht gescheut haben. Bereits wenige Monate später, im Dezember 50 v. Chr., zeigt sich Cicero äußerst irritiert darüber, dass „dieser junge Mann aus der Nobilität (nobilis adulescens) seinen Namen änderte", um so in den Besitz eines testamentarischen Erbanteils zu kommen. (Ad Att. VII, 8) Ansonsten aber lässt sich der sonst so kritische Cicero von den „honigsüßen" Attitüden der neuen Lichtgestalt ebenso blenden wie zuvor seine Frauen: „Mein Schwiegersohn ist voller Lieblichkeit (suavis) zu mir, Tullia und Terentia." Und er schwelgt weiter: „Wie viel Geist und Bildung steckt in ihm – quantum ingenii vel humanitatis!" (Ad Att. VII, 8) Besser hätte er sagen sollen: Welches Genie der Selbstinszenierung, welch schauspielerisches Talent!

Die einzigen Bedenken Ciceros sind taktischer Art; sie richten sich nicht gegen den Menschen und Ehemann in spe seiner Tochter, sondern gegen den Politiker Dolabella. Bereits in seiner ersten Reaktion entfährt ihm:

Ich bin der Schwiegervater dessen geworden, der gegen meinen Amtsvorgänger Appius prozessiert. Zwar war Cicero selbst mit diesem lange im Clinch gelegen: Appius hatte ihm eine völlig ruinierte Provinz hinterlassen und sich nach Ciceros Ankunft in Kilikien auf nächtlichen Schleichwegen davon gemacht, um sich vor einer ordentlichen Amtsübergabe zu drücken. Doch gerade jetzt, wo er sich mit diesem zu arrangieren in Begriffe war, kam die neue Verwandtschaft zur Unzeit. Und nachdem er dann vom Ausbruch des Bürgerkrieges kalt erwischt wird, steht er regelmäßig auf der falschen oder auch gar keinen Seite – bisweilen so neutral, dass er sich selbst neutralisiert. Als er vor „den anrückenden Barbaren" (adventus barbarorum) um die Sicherheit seiner Frauen besorgt ist, beruhigt ihn einerseits das Vertrauen auf Dolabellas starke Hand. An Atticus schreibt er: „Ich fürchte das Schlimmste. Wenn ich aber an meinen Dolabella denke, atme ich ein wenig auf ... paulum respiro." (19) Andererseits aber bleibt ihm stets im Hinterkopf, dass „wir mit unserem Schwiegersohn öffentlich Anstoß erregen ... offendimus in genero nostro." (VII, 15)

Nun hätte Cicero kraft seiner patria potestas intervenieren und gegen die Verlobung sein väterliches Veto einlegen können, wie es in einer ähnlichen Situation Cato getan hatte, als er keinem Geringeren als Pompeius dem Großen die bereits ausgestreckte Hand seiner Tochter wegschlug. Dass er so diplomatische Miene zum Alleingang seiner Frau machte und ihr freie Hand ließ, mag damit zu tun haben, dass in dieser Hand das Geld lag, das für die Mitgift ihrer Tochter benötigt wurde. Terentia soll ein stattliches Vermögen – neben Immobilien mindestens 40 000 Sesterzen in bar – in die Ehe mitgebracht haben.

Und das Thema Mitgift wurde in der Beziehung Tullias mit Dolabella zu der einzig dauerhaften Konstante, sogar beständiger als deren Ehe selbst: Das wechselseitige Gezerre zwischen Schwiegervater und Schwiegersohn um Forderungen, Fristen, Zahlungen und Rückzahlungen überdauerte die kurze Ehe. Mit dem Verlöbnis verbunden war in der Regel ein Dotalversprechen, die „dictio dotis": Zur sogenannten Minderung der „ehelichen Lasten" (onera matrimonii) wurde dem Brautpaar ein Barvermögen zugesagt, das die Versorgung der Frau nach beendeter Ehe sichern sollte. Die römischen Juristen unterschieden dabei die „dos profecticia" des paterfamilias selbst von Zuwendungen, die von dritter Seite kamen (dos adventicia). Immer aber wird der Ehemann dabei zum Eigentümer der Mitgift, also nicht nur bloßer Treuhänder, und bleibt dies auch nach dem Tod seiner Frau (Kaser, Röm. Privatrecht § 59 II, 4) Gefährlich wurde es für den Geldbeutel des Mannes erst, wenn die Scheidung drohte. Dann war die komplette Rückerstattung fällig – sofort oder in 3 Jahresraten. Ein Abzugsrecht von 1/6 gab es nur für gemeinsame Kinder (retentio propter liberos) oder bei sittlichen Verfehlungen (retentio propter mores). Beide Optionen griffen in diesem Fall nicht, da Tullias einziges Kind bald nach der Geburt gestorben war. Und ihr moralische Verfehlungen zu unterstellen, war selbst bei schlechtestem Willen nicht möglich.

Tullias Ehe mit Dolabella, schneller zerrüttet als geschlossen, stand schon recht bald unter diesem Damoklesschwert der Rückzahlung. Cicero war mit seinen Raten an Dolabella bereits im Rückstand, als er sich mit dem Gedanken trägt, die Ehe seiner Tochter gänzlich platzen zu lassen und die schon geleisteten Raten zurückzufordern. Ein Rollentausch: So könnte er aus der Rolle des säumigen Schuldners selbst in die des fordernden Gläubigers wechseln und Dolabella seinerseits mit Zahlungsultimaten unter Druck setzen.

Die Frist für die Zahlung der 3. Rate am 1. Juli 47 v. Chr. war gerade verstrichen, als Cicero 1 Woche später an Atticus schreibt: „Bei dieser katastrophalen Lage wäre die Scheidung das Allerbeste gewesen (nihil melius discidio). Angesichts seiner nächtlichen Raubzüge, seiner Affäre mit Metella und aller sonstigen Ausschweifungen hätten wir männlich gehandelt und das Geld wäre nicht verloren gegangen ... Jetzt scheint er mir selbst zu drohen ... Also bin ich mit einer Scheidung einverstanden. Vielleicht wird er trotzdem noch die 3. Rate anfordern (tertiam pensionem). – Sollen wir abwarten oder ihm selbst zuvorkommen?" (20)

Cicero steht vor der zeitlosen Frage: Was passiert mit einem laufenden Ratenvertrag, wenn das Vertragsobjekt vorzeitig den Geist aufgegeben und sich in ein Nichts aufgelöst hat? Müssen auch bei Totalschaden die Ratenforderungen weiterhin bedient werden oder sind sie „bona fide" zu stornieren? Im November 46 wird die Ehe mit Dolabella „storniert", im Jahr darauf stirbt Tullia. Noch kurz vor ihrem Tode, im Januar 45, hatte Cicero mit Dolabella über die 1. Rate der Rückzahlung verhandelt – erfolglos. „O hominem impudentem – Was für ein unverschämter Bursche!" So entrüstet er sich am 9. Mai des folgenden Jahres, weil Dolabella auch die Zahlungsfrist zum 1. Januar 44 v. Chr. nicht eingehalten hatte. „Ich habe ihm daher nochmals einen mit Stacheln gespickten Mahnbrief (litteras aculeatas) geschickt ..." (Ad Att. XIV, 19)

Trotz alledem begegnet er weiterhin seinem Ex-Schwiegersohn in „großer Herzlichkeit" und zeigt ihm gegenüber „eine merkwürdige und eigentlich unerklärliche Neigung." (Schuller, Cicero S. 197). Ganz anders als im Verhältnis Cäsars zu seinem Schwiegersohn Pompeius, wo der Tod Julias (ebenfalls im Mutterbett) zu einer Zäsur führte, die im blutigen Bürgerkrieg zwischen beiden endete. Für Cicero und Dolabella dagegen geht das Leben weiter, harmonischer als je zuvor, so als hätte es Scheidung, Tod und „mit-giftiges" Gezänke niemals gegeben: „Heute morgen kam Dolabella zu mir. Lange Unterhaltung den ganzen Tag lang (multus sermo ad multum diem). Nichts kann herzlicher, nichts liebenswürdiger sein ..." berichtet er im Juni 45 v. Chr. über einen ausgedehnten Plausch auf seinem Tusculanum, wo man sich „humanissime" unterhalten habe. (21)

Blenden lässt sich Cicero dabei aber besonders von einer „heroischen" (heroica)Tat seines „wunderbaren Dolabella ... o mirificum Dolabellam meum", welche „großes Aufsehen" (Ad Att. XIV, 15) erregt hatte. Eine Säule zu Ehren Cäsars – von den letzten Anhängern des Diktators einen Monat nach den Iden März auf dem Forum errichtet – ließ er kurz und klein schlagen: Vom Felsen gestürzt, die Säule beseitigt und mit den Steinen der Platz gepflastert! „Welch große homerische Heldentat unseres Dolabella ... o magnam aristeiam." (XIV, 16) Den „neuen Achilles" kann er gar nicht genug loben (laudare eum non desisto), lässt sich dabei auch nicht von Atticus bremsen, der wiederholt zur Mäßigung rät, und empört sich über jeden, der – wie der designierte Konsul Pansa – diese Heldentat zu kritisieren wagt. (22)

Nun hat Bilderstürmerei immer a priori etwas Irrationales an sich: Fanatisierter Mob tobt sich an der ohnmächtigen Statue eines ehemals Mächtigen aus, um diesen per „damnatio memoriae" aus den Geschichtsbüchern für ewig zu tilgen – letztendlich aber triumphiert die Zerstörungswut über nichts weiter als über einen pulverisierten Fetisch. Ein solches Schicksal erlitt auch Neros domus aurea und wird später in den kommunistischen Machtkämpfen so manche Statue Lenins, Trotzkis und Stalins vom Sockel stürzen. Und selbst in den an Traditionen klebenden USA sind bei einer sozial aufgeheizten Atmosphäre derzeit nicht einmal die Ikonen des War of Independence wie George Washington oder andere „Slavenhalter" und „Rassisten" vor Bilderstürmern sicher.

Weshalb ein primitiver Akt von kruder Gewalt bei einem Mann mit Verstand solch hemmungslose Euphorie auslöst, dass man fürchten muss, er habe denselben völlig verloren, verrät Cicero in seinem Schreiben vom 3. Mai 44 v. Chr. an den „Prachtkerl Dolabella" (vir optimus) persönlich. Hinter der überschwänglichen Lobhudelei stecken auch sehr eigennützige, altruistische Motive: „Auch wenn ich mit deinem Ruhm völlig zufrieden war und daraus tiefes Vergnügen schöpfte, so muss ich dennoch gestehen, dass ich jetzt von maximaler Freude überwältigt bin, weil die Volksmeinung mich als Socius deines Ruhmes wahrnimmt ... und weil alle, nachdem sie dich mit Lobeshymnen in den Himmel gehoben haben, sogleich mir größten Dank sagen. Denn sie zweifeln keinen Augenblick daran, dass du dich als einzigartigen Konsul nur deshalb zeigst, weil du meine Lehren und Ratschläge befolgst ... und ich widerspreche nicht, wenn es so scheint, als sei alles von meinen Ideen ausgegangen ..."

Sich im Glanz der neuen Lichtgestalt zu sonnen und an dessen Lorbeeren zu partizipieren, ist die unverhohlene

Intention dieses Panegyricus, der gleich im Doppelpack daherkommt: Die hypertrophen Lobhudeleien verbinden den noch „jugendlichen Konsul "(consulem iuvenem) mit einem historischen Nachruf auf das politische Auslaufmodell aus Catilinas Zeiten zu einer Einheit. „Seit deinem Konsulat" – so zitiert er mit sichtlichem Wohlgefallen die Schmeicheleien des Lucius Cäsar – „ist dein Schwiegersohn der einzige, den man als wahren Konsul bezeichnen kann." So wird Dolabella vom „socius" zum „Zögling aus meiner Schule" (alumnum disciplinae meae) degradiert. Und als die Glorifizierung schließlich sogar in mythologische Höhen abdriftet, zeigen die Paradigmen wiederum eine andere Rollenverteilung: „Selbst für Agamemnon, den König der Könige, sei es eine Ehre gewesen, sich auf die Ratschläge eines weisen Nestor zu stützen."

Auf den Lobesbrief folgt kurz darauf, am 28. Juni, ein weiteres Schreiben der Kategorie Dankes- und Liebesbrief: „Überwältigt von deiner unendlichen Güte und deiner Großzügigkeit ... ist es das Schönste für mich, dass du Atticus überzeugen konntest, wie sehr ich dich und wie sehr du mich liebst ... quantum ego te, quantum tu me amares." (Ad Att. XV, 26) – Auf welch wackligen Füßen diese Liebeserklärung allerdings stand, war aber bereits deutlich geworden, als Cicero die „große Heldentat Dolabellas" gegenüber Atticus verteidigte, aber sich dabei nicht verkneifen konnte: „Eine weitaus größere Tat (maiorem praxin) aber würde er vollbringen, wenn er mir seine Schulden begleichen würde ..." (23)

Das aber bleibt Wunschdenken. Dolabella macht Karriere als Kriegsgewinnler: 47 v. Chr. noch Volkstribun, 3 Jahre später nach Cäsars Ermordung Konsul und im Jahre darauf vom Senat zum Statthalter der Provinz Syrien ernannt. Dorthin reist er so überstürzt ab, dass er „vergisst", vor der Abreise seine Schulden an Cicero zu bezahlen. Aus ist es mit der Liebe: So „schäbig" (improbissime) sei er von Dolabella behandelt worden, dass er ihm nicht nur völlig „fremd geworden" sei, sondern sogar „seinen Hass offen zeige – ab illo abalienatum ... illum oderim." (Ad Att. XVI, 17) Als Statthalter war er für die Jurisdiktion in der Provinz zuständig und in seiner richterlichen Funktion soll sich Dolabella wie ein wahrer Salomon bewiesen haben. (24) Als eine Frau des Mordes an ihrem Mann und ihrem Sohn angeklagt wird, überdenkt er deren verständliche Tatmotive und verweist dann den Fall an die höhere Instanz nach Athen, welche die salomonischen Vorgaben aufgreifend die Sache um 100 Jahre vertagt. Valerius Maximus zählt Dolabellas „wohlüberlegtes und weises Handeln" (consideranter ... non minus sapienter) zu der Sammlung seiner „Historischen Denkwürdigkeiten". (Val.Max., Facta et dicta memorabilia, VIII, 2)

Dann aber trifft im Februar 43 v. Chr. eine Meldung aus der Provinz ein, die ganz Rom erschüttert: Der Statthalter der Provinz Asia wurde heimtückisch überfallen, dann gefoltert und bestialisch ermordet und schließlich seine Leiche auf unglaubliche Weise geschändet. Was Cicero dabei doppelt trifft – das Opfer war ein enger Freund und der Täter war sein ehemaliger Schwiegersohn. Bei einer Art Antrittsbesuch hatte Dolabella von Trebonius, seinem Amtskollegen der reichen Provinz Asia, die Staatskasse gefordert. Was dann passierte, schildert Cicero vor dem Senat in seiner 11. Philippica in minutiöser Rekonstruktion des Tathergangs:

„Nachdem Dolabella den hochangesehenen Mann (Kriegsheld unter Cäsar und Konsul 45 v. Chr) mit Beschimpfungen geradezu zerfleischt hatte, verhörte er ihn unter Peitschenhieben und anderen Folterqualen wegen der Staatskasse – zwei Tage lang. Dann wurde ihm das Genick gebrochen; er selbst schnitt den Kopf ab und ließ diesen auf einem Spieß befestigt umhertragen. Den zerfetzten Rest der Leiche warf er ins Meer ..." (Phil. 11, 5) Dolabella wird postwendend zum Staatsfeind erklärt und von den Armeen der Konsuln gejagt, was ihn jedoch nicht hindert, noch weitere 3 Monate bis zu seinem Ende weiter in der Provinz zu wüten: „Wie ich höre, wird Asien von Dolabella so schlimm gequält, dass die Ermordung des Trebonius schon gar nicht mehr als dessen grausamstes Verbrechen erscheint ... Asiam sic vexari audio, ut videatur interfectio Trebonii non iam crudellissimum facinus", berichtet Cicero am 1. April 43 an Brutus über diesen „wahnsinnigen Räuber" (latro demens).

Als Dolabella seinerzeit die Statue des Divus Iulius, des vergöttlichten Cäsar, vom Sockel gestürzt hatte, wurde er von Cicero seinerseits auf einen noch höheren, überirdischen Sockel gestellt. Nicht ahnend, welches Beben der irdische Aufprall des Halbgottes später aus schwindelerregender Höhe auslösen würde. „Nichts anstaunen – nil admirari – ist das Einzige, was einen Menschen glücklich machen kann", hätte er von Horaz lernen können. (ep. I, 6, 1)

## 6. Horaz: Ein Hoch auf das „horizontale Gewerbe"!

„Dichtung wie ein Mosaik von Worten, wo jedes Wort als Klang, als Ort, als Begriff seine Kraft ausströmt ... und mit minimalem Aufwand sich zu einem Maximum an Energie entfaltet", schwärmte Friedrich Nietzsche über den Dichter, der zur Nummer Eins der römischen Klassik geworden wäre, hätte es neben ihm nicht noch Vergil gegeben. Horazische Oden liest man nicht einfach – man zelebriert sie in heiliger Ehrfurcht. Oder in den Worten von Rudolf Sühnel (Ars Horatiana in England, S. 80): „Eine Horazode liest sich wie die lapidare Inschrift auf einem Epitaph, in Marmor eingegraben in den klaren Lettern der römischen Kapitalis." Dank seiner altphilologischen Anbeter – wie der eben zitierte deutsche Philosoph, damals Professor für Alte Sprachen in Basel – wurde sein Werk „dauerhafter als Erz: monumentum aere perennius." Mit patriotischem Pathos überlebte es auch den Nationalsozialismus: „Dulce et decorum est pro patria mori – süß und ehrenvoll ist es, für das Vaterland zu sterben." Wäre es nicht zu makaber, könnte man von einem gefundenen Fressen für die NS-Lehrpläne sprechen.

Der Grundstein dieses Monuments wurde gelegt, als der junge Horaz – im Bürgerkrieg noch auf der falschen Seite und deshalb enteignet – vom siegreichen Octavian alias Kaiser Augustus rehabilitiert und in den exklusiven Mäcenaskreis aufgenommen wurde. Er wird nun von höchster Stelle mit der Verkündung des neuen Zeitalters betraut, bedankt sich mit dem „carmen saeculare" und avanciert zum „bekehrten Staatslyriker" (Wilfried Stroh). Für den sozialkritisch denkenden Bertolt Brecht ist Horaz nichts anderes als „des Imperators feister Hofnarr" – in respektloser Anspielung auf die Korpulenz des Dichters. Als „klein und dick" wird er von seinem Biographen Sueton beschrieben: „… habitu corporis fuit brevis ac obesus." Allerdings hat dies Brecht später nicht davon abgehalten, die „marmornen Verse" dieses Pyknikers auf seine Weise – im Wechsel von Sozialkritik zu einem Anfall von Selbstkritik – zu verehren: „Er arbeitete in Marmor, wir heute arbeiten in Dreck."

In geradezu kumpelhafter Vertrautheit soll Augustus – so Sueton weiter – seinen Hofpoeten als „purissimum penem … seinen liebsten Penis" bezeichnet haben. Solch derbe Vulgärsprache würde bei dem Kaiser mit den hohen Moralansprüchen überraschen, wären uns nicht zotige Epigramme aus der Feder desselben, als er noch Octavian hieß, bekannt, in welchen dieser es schaffte, in 8 Versen gleich viermal das obszöne Verb „futuere" unterzubringen (Martial XI, 20). Selbst die prüdesten Altphilologen kommen nicht umhin, dieses – um den krassen O-Ton zu treffen – als „bumsen" zu übersetzen. (25) Nicht einmal Schulbuchverlage finden immer einen Weg, das ordinäre Verb mit lexikalischen Angaben jugendfrei zu entschärfen, ohne das deftige Original zu verfälschen. So findet sich beispielsweise in gängigen Schulausgaben von Pompejanischen Graffiti, wo sich ein Sexprotz namens Fustus mit „Fustus hic futuit" (CIL IV 3935) verewigt, die delikate Vokabelangabe: futuere = „bumsen" (Klett Verlag Stuttgart). Für Schüler eine echte Wortschatzbereicherung – so macht Vokabellernen Spaß.

Auch Catull, der Rebell vom Gardasee, hatte in seinen Sturm-und – Drang – Momenten mit „futuere" seiner geplagten Seele des Öfteren freien und ungehemmten Lauf gelassen. Und der bissige Martial tobt sich in seinen Epigrammen mit dem obszönen Verb in hoher Frequenz – insgesamt 50 mal – aus. Einzig dem hehren Horaz, dem „pyknischen römischen Idol" (Sühnel), will man solch derbe Sprache nicht zutrauen. Wenn dieser in seinen Satiren in ungenierter Offenheit formuliert „dum futuo = während ich b...", pflegt man dies diskret mit romantischen „Schäferstündchen" zu verharmlosen (26). Der größte unter den Weimarer Halbgöttern,Christoph Martin Wieland, vereinte zwar „französischen Espirit und antike Bildung", konnte dabei aber durchaus „auch frivol sein" (Safranski). Von dieser „deftigen" Satire aber soll er so „schockiert" gewesen sein, dass er sie „seinen pietistischen Lesern nur zur Hälfte zu dolmetschen wagte." (R. Sühnel, Ars Horatiana in England, S. 94)

Zum Vergleich: Giacomo Casanova erzählt offen und freimütig von einem Liebesabenteuer besonderer Art, das er 1753 mit einer Nonne aus dem Kloster S.Maria degli Angeli auf Murano erlebt und deren Nonnentracht ihn besonders angetörnt hatte. Aber als er vor der Liebesnacht in den Schubladen der geheimnisvollen Nonne, deren Namen er stets nur mit M.M. chiffriert, neben Kondomen erotische Briefe entdeckt und beide daraufhin sich in poetischen Phantasien ergehen, zitiert er deren Verse in französischer Sprache sehr diskret. Das obszöne Verb „foutre", aus dem lateinischen „futuere" übernommen, kürzt der Sprach- und Frauenheld stets nur mit „f" ab: „Des qu' un ange me f(outre)... wenn ein Engel mich f..." Und als Übersetzungshilfe für das unterdrückte „foutre" zeigt er dabei auf seinen erigierten „Engel Gabriel". (Casanova, hrg. R. Willemsen, S. 123, Anm. 47) Verkehrte Welt: Während der bekennende Hedonist Casanova – laut Proömium seiner Vita „sehr empfänglich für jede Art von Sinnenfreuden" – obszöne Vokabeln mit einem Feigenblatt abkürzt, wird dasselbe Verb für den kaiserlichen Moralapostel Augustus und seinen hehren Hofdichter Horaz zum Anlass, sich geradezu exhibitionistisch auszutoben.

Vor allem als Satiriker wurde Horaz im Mittelalter gefeiert und als solcher auch in Dantes Unterwelt, gleich hinter dem Dichterfürsten Homer schreitend, vorgestellt: „... l' altro e Orazio satiro che vene." (Inf. IV, 89) Als Meister der satirischen Dichtkunst lebt er weiter – so lebendig, dass in unseren Tagen dessen „popularphilosophisches Vademecum" aktualisiert und mit neulateinischen „Satiren zur Gegenwart" in Michael von Albrechts Sermones nochmals neu erfunden wird. Diese kühne Adaptation der horazischen Tradition auf „ein kritisch-humorvolles Panoptikum unserer Gegenwart" (S. 121) streift querbeet durch die Coronazeit, von der Klima-Gretl bis zu Elon Musk, und nimmt sich auch den Aggressor vor, der „das Vökerrecht (publica iura) bricht und sich Europa frech zum Schlachtfeld erwählt." (27) Diese „stets kriegslüsterne Weltmacht, die überall in der Welt Krieg spielt", ist aber hier nicht etwa Russlands Putin, sondern heißt schlicht „America". Wer Torheiten anderer auf die satirische Schippe nimmt, dem kann auch mal ein kapitales Eigentor unterlaufen. Dass der Nachfolger Iwans des Schrecklichen nicht im Kapitol, sondern im Kreml residiert, wurde inzwischen geklärt – Gott und Friedrich Maier seidank, welcher „Putins imperialistischen

Zerstörungskrieg gegen die Ukraine im Licht einer langen bösen Ahnenreihe" erscheinen lässt (F.Maier: Raubgier – von Xerxes bis Putin „dem Großen")

Den essentiellen Lebensnerv der Menschen trifft Horaz gezielter, wenn er die sogenannte schönste Nebensache der Welt zu seinem Thema macht – zumal für den Epikureer „voluptas", die maximale Lusterfüllung, zur Hauptsache eines glücklichen Lebens (vita beata) gehört. Sueton beschreibt ihn als einen „Sexbesessenen (scortator), der „bei den Freuden der Liebe maßlos war ... ad res venereas intemperantior." Er habe sogar überall in seinem Schlafzimmer Spiegel aufgestellt, damit das „Bild des Koitus" (imago coitus) in multiplizierter Gestalt omnipräsent sei. Nicht ganz zufällig daher, dass ausgerechnet der Frauenexperte, dessen Namen zum Begriff wurde, ein Faible für Horaz hatte: Dr. Giacomo Casanova hatte – vor seiner Karriere als Herzensbrecher und vor seinem Jurastudium, das er in Padua später als „doctor utriusque iuris" abschloss – eine theologische Karriere vor sich. In seinen Memoiren erzählt er, wie er im Priesterseminar gerüffelt wurde, weil er in einer christlichen Predigt „den Heiden Horaz „(il profano Orazio) zitiert hatte. Dieser – so seine Rechtfertigung – habe vieles „sehr treffend gesagt, auch wenn er in sexuellen Fragen ein großer Freigeist gewesen sei ... Orazio, benche un grande libertino, diceva cose molto giusto" (28)

Casanova, 1755 wegen „Verachtung der Heiligen Religion" (disprezzo pubblico della Santa Religione) von der staatlichen Inquisition zu 5 Jahren Haft verurteilt, sucht in den berüchtigten Bleikammern von Venedig in antikem Schriftgut Trost und Rat. Doch von der philosophischen Trostschrift des Boethius „De consolatione philosophiae" wendet er sich enttäuscht ab: „Der einzige Gedanke, der mich beherrschte, war die Flucht. Doch da ich im Boethius keinen Weg dazu fand, las ich ihn nicht mehr. "(Memoiren, S. 127) Stattdessen wendet er sich Horaz zu, mit dem er auch beschäftigt ist, während er mit Hilfe eines in einer übergroßen Bibel versteckten Eisens an seiner legendären Flucht arbeitet: „... um 1 Uhr mittags, gerade als ich mir mit der Übersetzung einer Ode von Horaz die Zeit vertrieb, hörte ich ein Scharren über meiner Zelle." (S. 158) Und im Disput mit Voltaire in Genf wird er Horaz zu seinem Vademecum erklären: „Das Studium der Welt im Umherreisen macht mir Vergnügen. Horaz, den ich auswendig kenne, zeigt mir den Weg, und ich finde ihn überall." (S. 207) Als er dabei, um Voltaires Gedanken hervorzuheben, einen Vers von Horaz zitierte, entlockt er seinem Gegenüber eine Hommage für Horaz: Er sei „ein großer Lehrmeister für das Theater gewesen und seine Regeln würden nie veralten." (S. 227) Das klassische „carpe diem" in den Oden (I,11) wird im prallen Leben der Horaz-Satiren zu „Pflücke dir ein leichtes Mädchen!" Um die Tradition des gewerblichen Sex zu legitimieren, führt Horaz vorab das schwerste Geschütz aus dem konservativen Lager auf, den moralischen Hardliner Cato. Ausgerechnet dieser Puritaner hatte einen jungen Mann, als er ihn aus dem Lupanar (Bordell) kommen sah, in den höchsten Tönen gelobt: „Macte virtute ... gepriesen sei deine Tugend! "(sat. I, 2, 31) Denn die jungen Machos mit ihrer unkontrollierten Libido (taetra ibido) sollten besser hier – im Freiraum des sexuellen Übungsgeländes – sich ihre Hörner abstoßen als „fremde Ehefrauen zu belästigen: „huc iuvenes descendant ... alienas uxores permolere." Damit bewegt sich Horaz noch in der popularphilosophischen Tradition hellenistischer Kyniker und auch in den vertrauten Bahnen römischer Komödien. Dort gehörte die Akzeptanz von Konkubinen schließlich zum Alltag.

Was dann aber folgt, ist ein enthusiastisches Loblied auf den Segen der Prostitution: Hier läuft man nicht Gefahr, von einem betrogenen Ehemann „zu Tode gepeitscht oder nach Amputation seiner geilen Geschlechtsteile (drastisch vor Augen geführt mit Abhacken von „testis ac cauda") von dessen Pferdeknechten überpisst zu werden." (I, 2, 42 ff) Denn hier bei den käuflichen Libertinen sei „die Ware Sex viel sicherer – merx tutior". Vor allem aber wird „der Kunde" hier nicht mit Mogelpackungen über's Ohr gehauen, da die „Verkäuferin" grundehrlich ist: „Die Prostituierte trägt ihre Ware ohne Schminke (sine fucis) mit sich; sie zeigt offen, was sie zu verkaufen hat und sucht keine Mängel zu vertuschen." (29) Zusammen mit dem aufreizenden Habitus gehörte der „fucus", die rötliche Schminke, zu den auffälligen Markenzeichen des horizontalen Gewerbes, mit denen die aufgetakelten Jüngerinnen der Venus sich zu erkennen gaben. Zugleich galt und gilt die Schminke als gängige Metapher für Vertuschung und Lüge – auch im heutigen Sprachgebrauch, wenn wir jemandem „ungeschminkt" die Wahrheit sagen. So gelingt Horaz das Paradoxon: Die, welche ihre kosmetische Schminke (im sensus litteralis) in grellen Farben dick auftragen, sind frei von der falschen Schminke (im sensus metaphoricus).

Ware (merx) heißt der Körper dieser Frauen, und die ihn verkaufen, sind nichts anderes als „Großverdiener" (meretrices). Ersteres kann als Zynismus, Letzteres als Euphemismus verstanden werden. Beides aber ebenso wie das weitere Vokabular aus der Kaufmansprache – in welcher Horaz als Sohn eines Auktionators zuhause war – zeigt, dass er den Umgang mit Prostituierten auf ein rein kommerzielles Dienstleistungsverhältnis reduziert. Zum kaufmännischen Berufsethos gehört uneingeschränkte Transparenz, die ehrliche Offenlegung des Kaufgegenstandes ohne – im doppelten Sinne – „Verschleierung."

Menschen als Sache zu betrachten, war für die Herren am Tiber, deren Stadt zu ¾ von Sklaven bewohnt war, nicht fremd. Zu Sklaven pflegte man ein „sachliches" Verhältnis: Sie waren ein grammatikalisches Neutrum (mancipium) und die Tötung eines Sklaven fiel nach der lex Aquilia juristisch unter „Sachbeschädigung". Beim Import oder Verkauf der zweifüßigen Ware wurde eine penible Qualitätsprüfung durchgeführt. So soll sich Kaiser Augustus daran ergötzt haben, wenn vor seinen Augen „Frauen oder junge Mädchen nackt ausgezogen (denudarent) und dann gründlich untersucht wurden, so wie wenn ein Sklavenhändler sie zum Verkauf anbot ... tamquam mangone vendente." (Sueton, Augustus 69) – Sklavenhändlerspiele hießen damals die „Doktorspiele."

Und für den Kaufmannssohn Horaz sind sogar die transparenten Gewänder der Frauen ein Zeichen von ehrlicher Transparenz. Bei so viel „Transparenz" sei jeder Täuschungsversuch durch versteckte Mängel wie „hässliche Beine" (pede turpi) ausgeschlossen: „In ihren hauchdünnen Kleidern aus Coischer Seide kannst du sie quasi nackt sehen ... Mit deinen Blicken kannst du ihre Taille abtasten... „videre ut nudam ..." (101 ff.) Mit ihrer hochgeschürzten Tunica, vergleichbar mit dem heutigen

Minirock, zeigt die Kurtisane, was sie hat, während die ehrbaren Matronen hinter ihrem bis zu den Knöcheln (talos) reichenden „Talar" oft nur fehlende Po-Rundungen (de-pugis) oder zu dürre Waden (pede longo) verstecken. „Denn außer dem Gesicht (praeter faciem) kannst du kaum etwas von ihr sehen." Eine glatte Perversion der moralischen Werteskala: Aus der sittsamen Matrone wird die Betrügerin, während die leichten Mädchen zu seriösen, ehrlichen Wesen aufsteigen. Der weitgereiste Dichter Lukian (120 – 180 n. Chr.) wird später diesen Vergleich auf den Punkt bringen: „Hetären sind besser als die vornehmen Damen. Ihre Welt ist ehrlich und du weißt genau, wofür du bezahlst." Und in der Qualität ihrer „Ware" sieht sie Horaz in seiner „Synkrisis" den Matronen sogar als überlegen: „Auch wenn die Matrone teuren Schmuck trägt, hat sie deshalb nicht zartere Schenkel oder hübschere Beine – sehr oft ist die Prostituierte darin viel besser ... persaepe melius". (I, 2, 81)

Besser ist sie vor allem in ihrem ureigenen „Fachgebiet", dem professionellen Sex in erotischem Ambiente. Über ihre variantenreichen Liebesspiele in exquisiten Stellungen zeigt sich der Dichter in der Satire II,7 begeistert: „Sobald mich das Verlangen treibt, empfängt sie mich nackt beim Laternenschein und gibt sich mir von hinten hin (a tergo). Oder sie reitet auf mir in wilder Lust (lasciva) ..." Dabei beschreibt der große Sprachkünstler Horaz, der ansonsten im gehobenen genus grande durchaus erfahren und um gestelzte Metaphern nicht verlegen ist, die frivole Position „a tergo" in so naturalistischer Hardcore – Sprache, dass sie hier nur im lateinischen Original wiedergegeben werden kann: „... excepit verbera turgentis caudae clunibus ..." (II,

7, 47 ff) Die wörtliche Übersetzung (sie empfängt die Schläge meines anschwellenden Penis mit ihren Pobacken) wäre nicht zumutbar. (30)

Und dabei – für den Kaufmann nicht das Unwichtigste – ist solcher Luxus günstig zu haben: „Die Griechin Eutychis mit feinen Sitten ... moribus bellis" – so erfahren wir aus den pompejanischen Inschriften – inserierte ihre Dienste für 2 As (CIL IV 4592). Derselbe Preis wird in anderen Graffiti für einen Becher Wein verlangt, der Falernerwein kostete sogar das Doppelte. Bei dem üblichen Tageslohn eines Arbeiters von 1 Denar (= 16 As) war käuflicher Sex für den Normalverbraucher kein Luxus – in sozial geprägten Gesellschaftssystemen sind die elementaren Grundbedürfnisse im allgemeinen leicht erschwinglich.

Etwas anderes ist es, sich an „fremden Ehefrauen zu vergreifen" (alienas uxores permolere). Wer sich eine kostspielige Geliebte hält, hierfür sein gesamtes Vermögen investiert und dabei am Ende Haus und Hof verliert, ist an eine „Venus damnosa" (ep. 1, 18, 21) geraten, vor welcher zu warnen der Dichter nicht müde wird. Zum Monitor seiner Warnungen macht er dabei „eine Person", deren Argumentation unschlagbar ist. Wir kennen die Personifikation der patria aus Ciceros Reden gegen Catilina und wir wissen seit Menenius Agrippa, dass auch „der Magen und die Glieder" sprechen können. Dieses „Glied" aber, das bei Horaz seine Stimme erhebt, zum Sprechen zu bringen, ist eine singuläre, besonders skurrile Novität der Satire. Dieser Sprecher, der sich hier mit dem seltenen Wort „mutto" anstelle von Penis ausgibt, macht von seinem natürlichen Anrecht auf eine derbe Sexualsprache selbstverständlich legitimen Gebrauch:

„Quid vis tibi? Numquid ego a te deposco c u n n u m magno consule prognatum velatumque stola ... Was willst du denn? Fordere ich von dir etwa eine Fotze, die von einem großen Konsul abstammt und in eine Stola gehüllt ist? „(sat. I,2, 70) „Cunnus": Als pars pro toto wird die Frau lediglich als wandelnde Vulva wahrgenommen, reduziert auf ihre sexuelle Libido – das Wort Sexismus war noch nicht bekannt. Dass diese sexistische Sichtweise nicht speziell für Prostituierte gilt, sondern auch Frauen im Allgemeinen treffen, zeigt Horaz, wenn er die Bedeutung des cunnus auch geschichtsphilosophisch ausdehnt: „... c u n n u s  taeterrima causa belli ... Die feminine Sexgier sei schon immer die Triebfeder der schrecklichsten Kriege gewesen." (sat. I, 3, 107)

Für eine andere Metonymie begeistert sich der Horaz-Epigone Martial: „Plebeia Venus", ein einfaches Freudenmädchen aus dem Volk, das für 2 Asse zu haben ist. (epigr. II, 53, 7) Ob Kyniker, Stoiker oder Epikureer – nahezu alle antiken Philosophen haben die Autarkia, das Streben nach Genügsamkeit, auf ihre Fahnen geschrieben. Zum horazischen „vivitur parvo bene – gut lebt man mit Wenigem" (c. II, 26, 13) gehört auch preisgünstiger Sex – man achte beim Betreten des Bordells auf die Preisliste.

Auch Horaz selbst war, als er bereits zum Establishment am kaiserlichen Hofe gehörte, Kontakten mit dem einfachen Straßenstrich nicht abgeneigt. Auf seiner Reise nach Brindisi, zusammen mit Mäcenas und Vergil, lässt er sich in einem Dorf zu später Stunde mit einer „plebeischen Venus" ein, auf die er dann aber vergebens wartet, die ihm aber dennoch „feuchte Träume" beschert: „... somnia immundo visu nocturnam vestem maculant ..." sat.

I, 5, 84) beschert. Wilfried Stroh beschreibt das Erlebnis als „missglückten One-Night-Stand mit einer lokalen Schönen, die Horaz versetzt, wofür ihn dann aber eine nächtliche Pollution entschädigt – wie krude doch diese Satiriker sind!" (Stroh, Latein ist tot ...,S. 79)

## 7. Martial, der Gourmetkritiker: Essen ist Charaktersache.

„... nach Lust und Laune bummle ich alleine durch den Markt, frage nach dem Preis für Gemüse und Mehl ... und begebe mich dann nach Hause zu einer Schüssel mit Lauch, Erbsen und Brotfladen", erzählt Horaz (sat. I, 6, 112 ff) und widerlegt damit das gängige Klischee, für die „Herren der Welt" gehöre es zum Alltag, in luxuriösen Delikatessen zu schwelgen und ihren verwöhnten Gaumen permanent mit eingelegten Schnecken, gebratenen Tauben, frischen Saueutern oder anderen kulinarischen Schweinereien zu kitzeln. „Sie kotzen, um zu essen, und sie essen, um zu kotzen ... vomunt, ut edant, edunt, ut vomant." Die kulinarischen Exzesse, die Seneca hier (ad Helviam 10,3) so pervers beschreibt, beziehen sich auf wenige reichgewordene Patrizierfamilien – „kapitalistische Oligarchen mit ihren Clans" würde man heute sagen. Die perversen Fressorgien der „cena Trimalchionis" sind bekanntlich Satire und nicht repräsentativ für ein Volk, dessen Lebensgewohnheiten in bäuerlich-agrarischen Traditionen verwurzelt sind und wo ein Bauer namens Cato und dessen Buch „de agricultura" immer noch mehr galt als die Sophistereien der griechischen Philosophen. Und aus dem Munde eines gewissen Ofellus, Bauer und Philosoph zugleich, lässt Horaz verkünden: „Noch nicht ist jegliche Hausmannskost der Armen von den Gelagen der Reichen verschwunden – für billige Eier und die schwarzen Früchte des Ölbaums ist dort bis heute immer noch Platz ... nondum omnis pauperies abacta ... (Sat. II, 2, 44)

Seine Vorliebe für einfache und vegetarische Hausmannskost zeigt auch ein anderer Römer, der als nachmaliger Konsul sowie Statthalter in kaiserlichem Kreis verkehrte und somit ganz gewiss nicht auf plebejisches Arme-Leute-Essen angewiesen wäre. Einem Gast, der zur eingeladenen cena nicht erschienen war, hält Plinius die verpasste Speisekarte vor, um ihm nachträglich den Mund wässrig zu machen: „Bereit standen pro Person je 1 Kopfsalat, 3 Schnecken, 2 Eier, Grießpudding mit Honigwein und Schnee ..." (31) – Und selbst Apicius, der Selbstmord beging, als ihm das Geld für üppige Gelage auszugehen drohte, hatte die ersten Kapitel seines berühmten Kochbuchs mit praktischen Tipps zur Konservierung von Gemüse gefüllt – quomodo sunt servanda holera ...: Die römische Küche im Spannungsfeld zwischen der bäuerlichen Tradition eines Cato und der modernen, dekadenten „haute cousine" eines Apicius.

„Ein Brei von Zusammengekotztem" (cibus vomentium) nennt Seneca diese neue Küche, und das garum, die den Römern heilige Fischsauce, ist für ihn nichts anderes als „kostbare Jauche aus vergammelten Fischen." (ep. 95, 25 ff) Alles werde zu einem Eintopf zusammengematscht; er warte nur noch darauf, dass die Speisen „bereits vorgekaut serviert werden" (iam manducata ponantur). Wenn ein Philosoph – zumal ein Stoiker, für den die tägliche Nahrungsaufnahme zu den belanglosen Adiaphora zählen müsste – sich dieses Themas so engagiert annimmt, dann steht dahinter Essenzielles, das über ein bloßes „de gustibus non est disputandum" hinausgeht: Das Thema ist weltanschaulich aufgeladen, die Essensfrage mit ideologischem Pfeffer gewürzt. Dazu kommt, dass ein römisches convivium – wörtlich ein „Zusammenleben" oder „geselliges Beisammensein" in ritualisierter Sitzordnung – ein facettenreiches Spiegelbild des hierarchischen Gesellschaftssystems darbot. Auf diesem Parkett konnte der protzige Patron ebenso leicht ausrutschen wie dessen schnorrende, parasitäre Klienten. Genug Angriffsfläche und ein echt „gefundenes Fressen" für einen, dessen bissige bis boshafte Epigramme dafür bekannt sind, dass sie ihren „Sitz im Leben" hatten: Der Wahlrömer Martial (40 – 102), geboren und gestorben in Spanien, „kein Moralist oder Gesellschaftskritiker, sondern der erste Epigrammatiker – vor ihm gab es nur Epigramme." (Cancik) Für Lessings Gattungstheorie das Nonplusultra, für Goethes und Schillers Xenien zum Motto ihrer Serienproduktion „nulla dies sine epigrammate" und schon für den jüngeren Plinius „eine Dichtung für die Ewigkeit (... tamquam essent futura „) und der Dichter selbst „ein genialer Mensch mit scharfem Verstand und ebensolcher Zunge ... homo ingeniosus, acutus, acer." (ep. 3,21) „Pauper eques": Ein Angehöriger des Ritterstandes mit einem Mindestvermögen von 400 000 Sesterzen, der sich dennoch als arm bezeichnet, weil er kein festes Einkommen hat und daher auf Klientendienste angewiesen ist. Ausgehend von der „biographischen Aussagekraft der Epigramme" ist das „Ich" in seiner Dichtung authentisch und kein fiktives Rollenspiel. (s. Kißel, Personen und persona in den Epigrammen Martials, S. 167) Ebenso authentisch dürften demnach die „real existierenden Individuen" aus dem Kreis seiner satirischen Opfer sein. (Kißel, S. 82)

„Vor den Augen der versammelten Gästeschar verschlingst du alleine die erlesensten Pilze ... Hoffentlich verreckst du Freßsack (gula) bald an einem solchen Pilz wie Kaiser Claudius! „(I, 20) Bei Tisch Unterschiede (discrimina) zu machen und somit die Gäste als zweitklassig zu „diskriminieren" ist das Fettnäpfchen, in das der Gastgeber am häufigsten tritt. Ein fundamentaler Verstoß gegen das Ethos der Gemeinschaft, das Martial so heilig ist, dass er es an anderer Stelle auf griechisch mit „Koina philon" – Freunden ist alles gemeinsam – philosophisch überhöht (II, 43). Der Topos „Diskriminierung der Gäste" ist variantenreich, wirkt aber besonders verletzend, wenn dabei das römische Grundnahrungsmittel Wein getroffen wird: „Wir trinken aus Glas, du aber aus einem Achatbecher. Warum? Damit ein durchsichtiger Kelch nicht verrät, dass es zwei verschiedene Weine sind." (IV, 85) Wie charakterlos (sordidus) eine Zweiklassengesellschaft auf die Gäste wirkt, zeigt auch Plinius, als er sich über einen Gastgeber empört, der seine Gäste „nach Rangunterschieden" (amicos gradatim habet) behandelt: „Denn sich und einigen wenigen setzte er die besten Delikatessen vor, den übrigen billiges Zeug und noch dazu in knausrigen Portionen ... auch den Wein hatte er nach 3 verschiedenen Kategorien (tria genera) verteilt ..." (32) Die alte Gnome „in vino veritas", bereits im griechischen „en oino aletheia" (Zenobios) überliefert, gewinnt hier eine neue, kuriose Bedeutung: Der Wein offenbart den Charakter; er wird zur Nagelprobe für den Gastgeber, für den dabei so manchesmal kaum mehr übrig bleibt als die barocke Verballhornung von Wahrheit zur Wildheit „in vino feritas".

Mehr Demütigung geht nur, wenn Klienten als Claqueure und „Jubelperser" für selbstgefällige Rezitationen missbraucht und hierzu mit einem Gastmahl geködert werden: „... wenn er für eine Mahlzeit die Netze spannt und du rufst zu seinen Vorträgen „Perfekt, großartig, bravo ...", dann steht dein Mahl schon bereit – cena tibi iam facta" (II, 27) Zur Belohnung für servile Speichelleckerei gibt es ein Dinner, instrumentalisiert für die Eitelkeit rhetorischer Selbstinszenierungen, das für Martial in kühner Enallage selbst zu einem „eloquenten Mahl" verfremdet wird: „... cena tua diserta est." (VI, 48) Gastmähler von Protzern und Schmarotzern, auf dem verkommenen Niveau von „panem et circenses", bei dem die Gäste nicht nur ihren Bauch vollstopfen, sondern auch die fettige „mappa" (Serviette), in der sie die Apophoreta als „Mitbringsel" nach Hause schleifen: Dass es auch ganz anders geht, demonstriert Martial selbst als Gastgeber. Dessen ironische Einladung zu einem gemeinsamen „Hungermahl", eine Kampfansage an Luxus und Dekadenz, trägt ganz die Handschrift seines programmatischen „sine arte mensa", ein Mahl ohne Schnickschnack (V, 78): „Wenn es dich anödet, zuhause alleine zu essen, kannst du gerne mit mir zusammen hungern. Falls du zuvor einen Aperitif zu trinken wünscht, wird dir dazu einfacher Salat aus Kappadokien und kräftiger Lauch nicht fehlen, und unter den Eierscheiben wird ein verstecktes Stückchen Thunfisch zum Vorschein kommen. Serviert wird dann in einer einfachen schwarzen Tonschale – so heiß, dass du ihn mit verbrannten Fingern festhalten musst – frischer Grünkohl, der erst soeben den kühlen Garten verlassen hat, dazu ein Würstchen, das sich in die schneeweiße Polenta eindrückt, und weiße Bohnen mit rotem Speck. Wenn du dann die Gaben des zweiten Ganges willst, werden dir schrumplige Trauben geboten oder Birnen und sanft geröstete Kastanien ..." (33)

Eine Speisekarte wie ein Gemüsegarten, Leckerbissen für „eingefleischte" Vegetarier. Von der gemüselastigen Tradition der italischen Küche war selbst Goethe beeindruckt, als er 1787 die „unglaubliche Konsumtion" der „mangiafolie" (Blattesser) in Neapel und der „mangiafagioli" (Bohnenesser) in Florenz bestaunt. Und für Martial sind Salat und Kohlköpfe kein Arme-Leute-Essen, sondern „mannigfache Schätze, die der Garten hervorbringt ... varias, quas habet hortus, opes." (X, 48) Diese Schätze werden entweder mit einem bunten Farbklecks – leuchtend rot, giftgrün oder strahlend weiß – optisch aufgewertet oder mit so vitalen Attributen garniert, dass sie fast als lebendige Personifizierungen wirken: Der Kohl ist „virens" – wie auffallend viele Attribute in der aktivischen Form des Partizip Präsens – also biologisch aktiv strotzend von Lebenskraft. Ein solches Bioenergiebündel lässt sich nicht passivisch ernten, sondern hat den „frierenden" (algentem) Garten eigenständig „verlassen "(reliquit). Die Bohne ist nicht einfach nur weiß, sondern „pallens" – bleich und blass wie ein menschliches Antlitz. Und das Würstchen „drückt sich" (premens) als Eindringling in die fremde vegetarische Welt hinein. Edle Oliven werden nicht einfach so serviert, sondern werden dir „zu Hilfe kommen ... succurrent tibi nobiles olivae". (V.19) Und wo – wie beim Salat aus Kappadokien – nicht „gartenfrisch auf den Tisch" kommt, sondern Importware deklariert wird, muss das Etikett „billig" (viles) her, um den schnöden Beigeschmack von Luxus zu neutralisieren. Eine „bodenständige" cena definiert Juvenal mit „allem, was man auf dem Grund und Boden des kleinen Gartens erntet ... quae parvo horto legerat." (Sat. 11, 77)

Dabei ist der „puls", der traditionelle Mehlbrei aus Weizenmehl – das „täglich Brot" der frühen Römer, bevor sie wirkliches Brot kannten – eine absolute „sine qua non" und weit mehr als die Polenta der oberitalienischen Bauernküche. Zwar kannten die Römer noch nicht das vor Columbus unbekannte Maismehl, dafür aber wussten sie umso besser, wie man einen einfachen Brei zu nationalem Kult aufpäppelt. Wer sich zum „puls" coram publico bekennt, zeigt Charakter und ist als vir vere Romanus anerkannt, wie Valerius Maximus nostalgisch konstatiert: „Auch jene Schlichtheit der Vorfahren beim Essen war der sicherste Beweis für ihre Bildung und ihren bescheidenen Charakter (index humanitatis et continentiae) ... So sehr waren sie auf Mäßigung bedacht, dass sie häufiger Mehlbrei als Brot aßen ... frequentior usus pultis quam panis" (Val. Max., Facta et dicta II, 5)

Martials Einladung liest sich bisher wie moderne Werbung für vitaminreiche Biokost. Die wichtigste aller Zutaten aber kommt erst noch: Atmosphäre, Konversation, zwischenmenschliche Würze – oder mit Senecas Worten: „Zunächst musst du dich umsehen, mit wem du isst und trinkst. Dann erst, was du isst und trinkst. Denn ohne wahre Freunde ist das Leben eine Speisung von Löwen und Wölfen." (ep. 19, 10) Solchen Weisheiten können sich auch heutige Starköche nicht verschließen: „Ein gutes Essen ist noch kein Garant für eine gelungene Einladung – eine entspannte Atmosphäre ist ebenso wichtig ..." (Johann Lafer, Kochen für Freunde, S. 7)

Mit geradezu entwaffnender Offenheit geht Martial bei dem hochsensiblen Thema Wein auf den Gast zu: „Den Wein musst du selbst erst gut machen, indem du ihn trinkst – vinum facies bonum bibendo." (V. 16) Ein

Offenbarungseid des Gastgebers, wenn der Gast an der subjektiven Qualität des Weines noch selbst mitarbeiten muss, aber in dieser Ehrlichkeit zugleich auch die Basis für ein entspanntes convivium – zu unverfälschten Speisen gehören auch unverfälschte Gäste:

„Bescheiden ist das Mahl, unbestritten. Aber du musst nichts vortäuschen oder zurecht Gedichtetes dir anhören und kannst dich – authentisch so wie du bist – mit ruhiger Miene zurücklehnen. Weder wird der Hausherr lange aus einem dicken Buch rezitieren noch werden schamlose Gogo-Girls permanent versuchen dich aufzugeilen, indem sie mit geübtem Tremolo ihre sexy Hüften wackeln lassen. Allein ein dezentes Flötenspiel, weder aufdringlich noch geschmacklos, wird unser kleines Mahl musikalisch begleiten ... haec est cenula."

Der Topos der natürlichen „simplicitas", welche unabhängig macht, fasziniert zu allen Zeiten: Auch der große Ludovico Ariost (1474 – 1533) zeigt sich – inspiriert von den Satiren und Episteln des Horaz – begeistert von einer solchen „cenula": „In meinem eigenen Hause schmeckt mir eine Rübe – von mir selbst gekocht, am Stabe gesäubert und dann einfach mit Salz und Essig beträufelt – besser als an fremden Tischen Drossel, Star oder Braten vom Wildschwein ... "(Satiren 3, 42 ff) Größter Fan Ariosts war immerhin der luxusverwöhnte Casanova, der dessen Epos vom „Orlando furioso" auswendig kannte. Auf Voltaires Frage, welchen Dichter er am meisten verehre, antwortet dieser mit einer einzigartigen Liebeserklärung: „Ariost. Dabei kann ich nicht sagen, ich liebe ihn mehr als die anderen. Denn ich liebe nur ihn." (Memoiren, S. 208)

Alexandre Grimod ging als Erfinder der Gastrokritik in die Geschichte ein, nachdem er 1802 eine „Jury degustateur" gegründet hatte. Auch er kam auf seinen Studienreisen in Kontakt mit Voltaire. Berührt von den Ideen der Aufklärung, verband der Gourmet in seinen wöchentlichen „dejeuners philosophiques" kulinarische mit philosophischen Leckerbissen ganz im Geiste der Französischen Revolution: „Vor dem Gesetz und bei Tische haben alle gleiche Rechte und gleiche Pflichten. Die Tafel macht uns alle gleich."

Dabei trieb er die „egalite" am Ende so weit, dass er auf seinem Landsitz in Villiers-sur-Orge, wohin er sich nach Napoleons Ende zurückgezogen hatte, täglich mit seinem Hausschwein getafelt haben soll. Mehr Tierwohl bei Tisch geht nicht. Nur schade, dass Martial dies nicht mehr erleben konnte; er hätte sicherlich seine „sa-tierische" Freude daran gehabt.

## 8. Ovid: Traumfrauen – Leichte Mädchen, aber „schwer in Ordnung"

In der männlichen Wahrnehmung – damals wie heute – sind zwei verschiedene Kategorien von Frauentypen präsent: Die im realen Leben mit beiden Beinen auf dem Boden stehende Ehefrau und Mutter, ob sie nun – wie die geschäftstüchtige Terentia Ciceros – ihrem verschwenderischen Gernegroß im finanziellen Alltag den Rücken freihält oder wie die stolze Gracchenmutter Cornelia ihren Kindern im pädagogischen Alltag Werte vermittelt. In Konkurrenz zum konservativen Frauenbild stehen die Jüngerinnen des Nonkonformismus: Sogenannte Traumfrauen, welche in der Metawelt von Phantasien und Desideraten ein leicht abgehobenes Dasein führen – quasi als lebendige Negationen ethischer Konventionen. Frei vom Ballast spießiger Sexualmoral zelebrieren diese Kreaturen der „leichten Muse" beschwingt ihre Leichtigkeit des Seins. Ihre nonchalante ars vivendi kontrakariert die traditionellen Tugendmuster, indem sie mit ganz anderen Qualitäten, alternativen „Werten" beeindrucken; sie müssen nur attraktiv und auf erfrischende Art einfach anders sein als die langweilige Realität. Das kommerzielle Frauenbild aus den Traumfabriken von Models, Playmates, Diven der Leinwand oder sonstigen Göttinnen, welche damals Clodia, Corinna oder Cynthia hießen, war noch nicht etabliert. Es musste erst erfunden werden von dem „genialsten Dichter Roms – ingeniosissimus poetarum" nennt ihn Seneca.

Publius Ovidius Naso hatte sich bereits als ausgewiesener Frauenkenner einen unsterblichen Namen gemacht, als er in seinen „Heroides" – ungehaltene Reden ungehaltener Frauen – den großen Heroen aus der Perspektive ihrer Frauen die Leviten verlas. Und mit seinen 3 Büchern über die Liebeskunst gelang ihm dann ein „womanufacturing" – eine literarische Manufaktur, in der ein neues, modernes Frauenbild im Niemandsland zwischen Matrone und Kurtisane kreiert wurde. Seine „ars amatoria" machte Ovid bereits zu Lebzeiten, wie seine Fans in den Grafitti von Pompeii bekunden, zum meistgelesenen Autor. Und das sicher nicht nur, weil sein Skandalwerk von Kaiser Augustus quasi auf den Index gesetzt und aus den Bibliotheken verbannt wurde, ebenso wie dessen Autor selbst. Und sicher auch nicht deshalb, weil er ungeniert und provokant „den Körper schöner Frauen ... mit wollüstiger Trunkenheit beschreibt". (Lessing)

Vielmehr ist es – obwohl ein Lehrgedicht – „die undogmatische Haltung" (M.v.Albrecht), die Ovids ars amatoria auch postum zum Bestseller macht: „Aetas Ovidiana" werden die Jahrhunderte des Hohen Mittelalters genannt und im 20. Jht. ist es kein Geringerer als Ezra Pound, der Vater der modernen angelsächsischen Literatur und in seiner Wahlheimat Italien als „nostro poeta" gefeiert, welcher Ovid auf eine Stufe mit Konfuzius stellt. So wurde auch „die unnachahmliche Leichtigkeit von Ovids Muse" (M.v.Albrecht) zum Vorbild für die Stilästhetik der „leggerezza" des großen Erzählers Italo Calvino (1923 – 1985).

Kein Wunder also, dass die Projektionen aus der Werkstatt dieses Künstlers – als Antipoden zur klassischen Matrone eine neuartige Spezies – Frauen mit Niveau und alles andere als oberflächliche Flittchen sind. Im Gegenteil: „Nomine femina virtus ... die Tugend, bereits qua nomen eine Frauengestalt, passt zu dem natürlichen Wesen der Frauen." (ars amatoria 3, 23) Neben der virtus kommen als weitere feminine Geschlechtsmerkmale Aufrichtigkeit und Treue (fides) hinzu: „Männer betrügen oft, die zarten Mädchen aber haben höchst selten Betrug im Sinn ... pauca crimina fraudis habent." (32)

Auch mit ihren neu gewonnenen Freiheiten gehen die emanzipierten Frauen recht behutsam und intelligent um. Sichtbarer Ausdruck einer „sexuellen Revolution" ist in der Regel eine Revolution der Kleiderordnung, so wie in unseren 1968 – Jahren die Provokation des Minirocks oder auch der demonstrative Verzicht auf das exclusiv weiblichste aller weiblichen Textilien. Ovids Frauen aber lassen sich nicht so einfach von Modetrends, die en vogue sind, verführen oder vermarkten: Zum Individualismus gehört, dass die neuen Wege, die frau geht, ihre eigenen sind.

Es ist ein zeitloser, ubiquitärer Frauentyp, der auch in unserer Gegenwart leben könnte – weder antiquiert noch futuristisch. Dank des 3. Buches der ars amatoria kennen wir die Mentalität dieser Frauen bis in die innersten Schichten ihrer Seelenlage genau. Ihr Schöpfer Ovid, der ihnen zu ihrer Selbstfindung verholfen hatte, hätte sicher nichts dagegen, wenn wir diese selbst sprechen lassen – so wie er in seinen Heroides der weiblichen Psyche eine eigene Stimme verliehen hatte:

„Es war immer guter Brauch, dass die Freigelassenen den Gentilnamen dessen übernahmen, dem sie ihre Freilassung (manumissio) zu verdanken hatten. Ich nenne mich daher Ovidiana. Und bei meiner Emanzipation geht es mir nicht um Gleichstellungsrechte in unserem komplizierten politischen System, das mich wenig interessiert. Nein, meine individuelle Freiheit lebe ich aus im praktischen Alltag meines eigenen Lebens. Ich ziehe an, was m i r gefällt – Kleider sind für mich nicht eine Frage des Statussymbols, sondern des persönlichen Geschmacks: „Non conveniens omnibus omnis – nicht alles steht allen." (3, 188) Dabei habe ich es auch nicht nötig, meine Ohren mit teuren Steinen (lapillis caris) zu beschweren, mich overdressed in goldbesetzten Kleidern (vestibus auro insuto) und sündhaft teurem Purpur in Szene zu setzen oder mit Designerklamotten zu protzen, wo es doch so viele preisgünstigere Ware – pretio leviore – auf dem Markt gibt. „Welch ein Wahnsinn, das gesamte Vermögen auf dem Leib zu tragen ... quis furor census suos corpore ferre!" Kleider sind – davon haben mich meine Freunde aus den Kreisen der Stoiker überzeugt – nichts anderes als wertneutrale Adiaphora. Was wäre denn gewonnen, wenn ich der Reglementierungswut durch Kleidervorschriften entkäme, dann aber in die Abhängigkeit von Modediktaten oder sogenannten Influencern geriete und so meine innere Autarkie verlöre? Nein – Ich orientiere mich einfach an der Natur: „Wie viele Blumen die Erde hervorbringt, so viele Säfte voller Farben trinkt die Wolle ... tot sucos lana bibit." Öko-Kleidung in Naturfarben – für mich beileibe keine Ideologie oder grüne Spinnerei, sondern meine simple Art des „secundum naturam vivere". Ein Kleid aus importierter koischer Seide passt nicht in meine Welt; auch deshalb, weil es – quasi ein Hauch von Nichts – völlig transparent ist und „nichts mehr entblößt, wenn es ausgezogen wird ... nihil amplius nudaret, cum poneretur." (Seneca, ad Helviam, 16) Ich bin weder prüde noch verklemmt, aber auch nicht exhibitionistisch. Männer zu ködern, heißt nicht sich ihnen gleich zum Fraß vorzuwerfen. Der Anreiz des Verborgenen muss bleiben: „Was man zu leicht bekommt, schafft keine dauerhafte Beziehung ... quod datur ex facili, longum amorem male nutrit."

Wenn ich in den schattigen Säulenhallen des Pompeius oder den Foren ein Bad in der Menge nehme, komme ich „um zu sehen, vor allem aber um selbst gesehen zu werden ... spectetur ut ipsa". Um meine Angelhaken – pendeat hamus – auszuwerfen, setze ich „meinen ganzen Sexappeal ein ... tota mente curam decoris ..." Schließlich gehöre ich nicht zu denen, welchen geraten wird, ihren zu schmalen Busen mit einer Art pushup – BH aufzupeppen ... circa angustum pectus fascia eat. Wenn ich dabei ungenierte Blicke auf meiner Haut spüre, dann schaue ich genauso offen face to face zurück – was so manchen irritiert. Und genauso selbstbewusst und charmant erwidere ich jedes Lächeln: „Spectantem specta, ridenti ride!„

Es gibt keine einheitliche Allerweltsfrisur, die zu jeder Gesichtsform passt: Zu einem länglichen Gesicht der Scheitel, bei einem runden sollten die Ohren frei sein, der einen stehen schulterlang herabwallende Haare, der anderen straff gebundene, dieser ein Knoten, jener die Locken ...: „Eine jede Frau hat selbst das Recht, vor ihrem Spiegel auszuwählen, was ihr steht ... Nun aber hat es mir die legere Strubbelfrisur angetan, die gerade up to date ist: „Neglecta decet multas coma; saepe iacere hesternam credas ... vielen steht auch eine absichtlich vernachlässigte Frisur, bei der man meinen könnte, sie sei noch von gestern." Wirkt viel cooler als sich wie ein gestriegelter Lackaffe herauszuputzen. Dabei gehe ich aber noch nicht so weit, dass ich mit einer verlöcherten, vergammelten Tunica eine verwahrloste Erscheinung als nonchalantes textiles Understatement zu verkaufen suche ... das überlasse ich künftigen Generationen.

Bei einem von Natur aus heiteren Volk kommt ein fröhlicher Frauentyp am besten an: „... hilarem populum femina laeta capit." Deswegen ist es für uns Mädchen wichtig „lachen zu lernen", denn darin liegt unsere Anmut (decor) – „discunt ridere puellae": Zur Physiognomie des dezenten Lachens gehört es, den Mund nicht weit aufzureissen, die Zähne mit den Lippen bedeckt zu halten, dabei weder das Gesicht in Grimassen zu verzerren noch „wie eine hässliche Eselin los zu brüllen." Auch pausenloses Lachen (perpetuo risu) kann stupide wirken: „Immer zu lachen ist ein Zeichen von Dummheit (semper ridere stultitiae est)" sagt unser Sprichwort ..."

... Auch nach Ovid wird die Physiognomie des Lachens weiterhin große Geister beschäftigen, wie z. B. den englischen Philosophen Herbert Spencer, der 1860 in seiner „The physiology of laughter" das Lachen als einen „Abfluss von Spannungen" definiert, wobei „die halb konvulsivischen Bewegungen entstehen, die wir lachen nennen." Seine Efflux-Theorie wird von Sigmund Freud („Der Witz und seine Beziehung zum Unbewussten") begeistert aufgenommen. Und auch zu den Ursachen des Lachens gibt es eine lange philosophische Tradition – beginnend mit Platon, der „die Schädlichkeit der Lachlust" (Politeia 388) anprangert, über den stets „lachenden Demokrit" bis hin zu Schopenhauers „Welt als Wille und Vorstellung", wo dieses „sehr merkwürdige Phänomen ... als Ausdruck von Inkongruenz" erklärt wird. Zur weiteren Philosophie des Lachens sei auf den historischen Längsschnitt von Manfred Geier (Worüber kluge Menschen lachen, 2006) verwiesen.

Aber das Lachen ausschließlich aus der Perspektive der femininen Ästhetik zu sehen, bleibt eine Besonderheit Ovids. Schon deshalb bemerkenswert, weil dies für ihn zum Charakteristikum emanzipierter Frauen gehört und mehr ist als nur ein „Efflux" oder die Äußerung eines Affektes. Die aristotelische Definition des Menschen vom „animal sociale" wurde im Mittelalter erweitert zum „animal risibile" (Dante): Der Mensch ist das einzige Lebewesen, das die Fähigkeit besitzt zu lachen. Das Lachen gehört für Ovid zu den menschlichen Grundrechten und über die Restriktionen gegenüber lachenden Mädchen in islamistischen Kulturen wäre Ovid entsetzt. Noch mehr aber träfe es ihn zu hören, dass in denselben Kreisen auch Mädchenschulen geschlossen werden und das Recht auf Bildung als männliches Privileg gehandelt wird. Denn Ovid will keine Dummchen, sondern – ein nicht alltägliches Wort – eine „femina docta" (3, 320):

Die Mädchen sollen lernen zu singen und zu musizieren. Sie sollen in der Literatur bewandert sein und nicht nur die Äneis Vergils kennen, sondern auch mit den elegischen Dichtungen eines Tibull, Properz oder Gallus vertraut sein – anspruchsvolle Poesie vom Feinsten, die ein hohes Bildungsniveau voraussetzen. Selbst die „lasziven" Verse der bisexuellen Sappho – „quid lascivius" – müssen nicht vor ihnen versteckt werden: Erotische Literatur von Frauen für Frauen und von Männern unzensiert. – Für Sallust war Sempronia, die verruchte Lebedame Sempronia aus dem konspirativen Catilina-Kreis, schon allein deshalb suspekt, weil sie „in der griechischen und lateinischen Literatur bewandert war". Und selbst Martin Luther, der ansonsten für die Emanzipation der Frauen nicht nur in Deutschland mehr bewirkt hatte als sämtliche

Frauenrechtsvereinigungen zusammen, befand: „Es gibt kein Kleid, das einer Frau übler ansteht, als wenn sie klug sein will."

Dennoch sind Ovids Frauen in den Augen von Katharina Volk, Professorin an der Columbia University, nichts anderes als „Objekte männlichen Begehrens" oder „erotische Objekte" – das Attribut Objekt wird hier zum variantenreichen Epitheton ornans der Frau. Auf „diese Funktion" seien die Frauen von Ovid, dem „Zuhälter Roms", reduziert worden. Er habe „starke Charaktere" geschaffen und den „Typus der kultivierten Geliebten kreiert „– aber einzig zu dem Zweck, um sie auf diese Weise als „Objekte" der männlichen Libido noch interessanter zu machen. (K. Volk: Ovid, Dichter des Exils 2012)

Gerade diese Objekte sexistischer Wahrnehmung – so würde Ovid sich vielleicht rechtfertigen – habe er vielmehr zu Subjekten ihrer eigenen Vita gemacht: Zu selbstbewussten Individuen, die ihr Leben selbst gestalten oder, nach einem Bonmot Churchills, sich „in ihre eigenen Angelegenheiten einmischen." Und im Ambiente einer Hochkultur par excellence kann eine Frau nur auf Akzeptanz stoßen, wenn sie in puncto Bildungsniveau auf Augenhöhe steht. Eine solche Frau will auch mit Respekt und als ebenbürtige Partnerin behandelt werden, wenn es um die „schönste Nebensache der Welt" geht. Bei diesem sensiblen Thema – wo Ovid die segensreiche Venus anruft, bevor er es wagt, sein Schamgefühl (pudet) zu überwinden und sich in die delikate Rolle des Sex-Ratgebers zu begeben – sollten wir nochmals die Frau selbst anhören (3, 769 ff):

„Non omnes una figura decet – Ein und dieselbe Stellung beim Liebesakt passt nicht für alle. „So wie ich auch einen undogmatischen Pluralismus lebe, wenn ich über mein modisches Outfit oder mein Make-up entscheide, halte ich es auch hier. „Mille ioci Veneris – Tausendfältig sind die Spiele der Venus" oder wie man heute zu sagen pflegt: Alle Optionen liegen auf dem Tisch bzw. auf dem Bett. Einziges Kriterium ist mein eigenes Ich; so stehe ich mit dem verballhornten Extrakt meiner Weisheit aus Delphi, dem „Gnothi seauton – erkenne dich selbst" täglich vor dem Spiegel: „Nota sibi sit quaeque – eine jede sollte die Vorzüge und auch die Schwächen ihres Körpers selbst erkennen." Um ein schönes Gesicht wie das meine zur Geltung zu bringen, sollte die Frau sich auf dem Rücken liegend präsentieren (resupina iaceto). Und auf dem Liebhaber zu reiten ist ohnehin nur vorteilhaft, wenn die Frau von kleiner Statur ist (parva vehatur equo) und passt für mich ebenso wenig wie für die langgewachsene Andromache, die bekanntlich nie auf ihrem trojanischen Helden Hector ritt. Wer sich – wie ich – zu den Frauen zählen darf, die „mit jugendlichen Schenkeln und makellosen Brüsten" (femur iuvenale, carent pectora menda) gesegnet sind, breitet sich am besten in koketter Seitenlage auf dem ganzen Lager aus …" (in obliquo toro – Goyas nackte Maja lässt grüßen.)

Und egal, für welche der polymorphen Varianten bei diesen Spielen, stets bedacht auf die Ästhetik des weiblichen Individuums, sich frau entscheidet – das ureigenste aller weiblichen Privilegien wird ihr expressis verbis konzediert, der vorgetäuschte Orgasmus: „Dulcia gaudia finge mendaci sono … täusche mit fingierten Lauten vor und mache sie glaubwürdig mit Bewegungen, deinen Augen und dem Keuchen deines Mundes (anhelitus oris)!" – Zur condicio sine qua non gilt aber für Ovid, dass „beide gleichzeitig (simul) ans Ziel gelangen und der Mann nicht mit stärkeren Segeln vorauseilt ... maioribus velis anteeat." (II, 725) Ein echter Gentleman lässt seine Frau nicht im Stich (nec defice dominam). Wenn diese aber gerade „lustlos" ist, in Gedanken bei ihrer täglichen Wollarbeit (de lana cogitat) und allenfalls die Erfüllung ehelicher Pflichten (datur officio) vor sich sieht, darf sie nicht einfach überrumpelt werden. Stattdessen wird der wahre Cavalier, um das Timing zu synchronisieren, „die Stellen finden, deren Berührung der Frau Freude macht ... loca, quae tangi femina gaudet." (II, 719)

Doch auch wenn „die Männer ihre Partnerinnen genital stimulieren", diene dies – so Katharina Volk – „letztlich nur ... als Stimulanz der Erfüllung der Lust des Mannes"; es sei somit nicht als „ganz so altruistisch" zu bewerten. (K.Volk, Ovid, S. 103 ff) Dem wiederum würde Ovid entgegenhalten: In einer Liebesbeziehung hat Altruismus ebenso wenig zu suchen wie Egoismus. Was zählt, ist die gemeinsame Mitte zwischen dem männlichen ego und der weiblichen altera. Dabei geht es schlicht darum, die Partnerin – um im Bild von Ovids nautischer Metaphorik zu bleiben – mit „ins Boot zu holen." Das Losungswort „pariter" (II, 728) ist weder altruistisch noch egoistisch, sondern schon in der sprachlichen Wurzel wegweisend zur „paritätischen" Gleichstellung der Frau.

Nicht umsonst wurde der größte Sexperte der Antike in der Vagantendichtung des Mittelalters – wenn auch cum grano salis – zum „papa Naso" oder „egregius doctor", Papst und herausragender Gelehrter, befördert.

## 9. Plinius: Der Nachruf – Spagat zwischen Ethik und „de mortuis nihil nisi vere"

„In tiefem Schmerz höre ich, dass Martial gestorben ist, ein genialer Dichter mit Esprit und bissigem Scharfsinn (ingeniosus, acutus, acer) ... Was kann einem Menschen Größeres geschenkt werden als Ruhm, Ehre und Unsterblichkeit -- gloria, laus, aeternitas?" (ep. 3, 21) Für den größten Epigrammatiker Roms einen adäquaten Nachruf zu finden dürfte einem laudator nicht schwerfallen – zumal nicht einem professionellen, in der Topik der laudatio funebris bewanderten Redner, dessen Panegyricus auf den Kaiser Trajan Maßstäbe für Lobreden setzen wird. Und vor allem einem, „der Tag und Nacht darüber nachdenkt, wie er sich von der Erde abheben kann ..., weil ihn nichts so sehr reizt wie das tiefe Verlangen nach Ewigkeit ... diuturnitatis amor et cupido." (ep. 5, 8) Mit seiner dramatischen Schilderung vom Ausbruch des Vesuv und der selbstmörderischen Rettungsaktion seines Onkels – als übergewichtiger Asthmatiker in der Gefahrenzone selbst ein hochgradiger Risikopatient – verschaffte er „dessen Tod unvergänglichen Ruhm ... immortalem gloriam". (ep. 6, 16) Und dabei war es ihm noch so enpassant gelungen, seine Mutter mit einer Tapferkeitsmedaille zu ehren: Sie fordert, alleine zurückgelassen zu werden,um die Jüngeren bei ihrer Flucht nicht zu behindern (ep. 6, 20) – eine „Triage" aus den Zeiten vor Corona.

Dabei galt ihm das „De mortuis nihil nisi bene" nicht als absolutes Tabu und selbst dem größten römischen Philosophen war der kategorische Imperativ der Pietät nicht heilig. Seneca hat bekanntlich in seiner berüchtigten

Apokolokynthosis den verstorbenen Kaiser Claudius aus niederen Rachemotiven postum zu einer erbärmlichen Witzfigur herabgewürdigt. Für Plinius endet die Pietät da, wo er sich auf juristisches Terrain begibt und sich seiner Rolle als Gerichtsredner verpflichtet fühlt. Hier ist es in einer speziellen Rechtslage legitim, auch gegen Tote zu prozessieren. Von Klienten bedrängt lässt sich Plinius bewegen, die weise Sentenz seines heroisierten Onkels zu opfern: „Cum mortuis non nisi larvas luctari – mit Toten streiten nur Gespenster." (Plinius maior, nat.hist. praefatio 31)

„Caecilius Classicus, ein widerlicher Mensch und ganz offenkundig mit üblem Charakter (homo foedus et aperte malus)" – so stellt Plinius den Verstorbenen vor (ep. 3, 9) – „hatte sich als Statthalter ebenso brutal wie niederträchtig aufgeführt ... Zwar hatte die ganze Provinz (Baetica in Südspanien) sich auf ihn gestürzt, doch er entzog sich der Anklage durch zufälligen oder freiwilligen Tod ... Nichtsdestotrotz bestand die Provinz auf der Anklage gegen den Toten. Und ich vertrat sie dabei ... "

Seine Skrupel wegen des makabren Umstands, dass auf der Anklagebank de facto eine Leiche saß, weiß der gewiefte Jurist umzumünzen in das zynische Argument, dass damit nun kein Leben mehr, insbesondere nicht die „Existenz eines Senators ... periculum senatoris „(ep. 3,4) gefährdet sei. Zur Strategie einer erfolgreichen Anklage gehörte es, den Charakter des Kontrahenten generell infrage zu stellen, um ihn als Person per se zu disqualifizieren – Verbalinjurien jeglicher Art erlaubt. Schließlich hatte Cicero, der Meister der rhetorischen Diffamierungskunst, in seiner Invektive gegen Cäsars Schwiegervater Piso dies mustergültig vorgemacht. „Mae legein kakos ...

Dem Toten nichts Übles nachreden ..." forderte dagegen Ciceros Vorbild Demosthenes, der größte Redner Athens. Pietätloses „kakologein", das hier ebenso wie bei Diogenes Laertios (I,70) unter ethischem Verdikt und bei uns als „Üble Nachrede" (§ 186 StGB) unter Strafe steht, wird aber im rhetorischen Schlagabtausch vor Gericht zum unentbehrlichen sine qua non.

Den Toten seiner Schuld zu überführen, war in diesem Fall leicht, da er in Briefen an seine Geliebte geprahlt hatte, er habe „durch den Verkauf der halben Provinz bereits 4 Mio Sesterzen eingenommen und sei nun schuldenfrei." Den ausgebeuteten Provinzbewohnern ging es aber darum, auch die noch lebenden Helfershelfer (socii ministrique) zur Verantwortung zu ziehen, was nur möglich war, wenn „die Schuld des Haupttäters zuvor feststand ... illo nocente." Dabei gerät auch das familiäre Umfeld des korrupten Statthalters – Ehefrau, Tochter und Schwiegersohn – ins Visier von Ermittlungen. Als dann aber die Gesandten der Provinz es mit der Sippenhaft zu weit treiben und „die völlig unschuldige Tochter in die Ecke drängen wollen", tritt ihnen ihr Anwalt energisch entgegen und macht seiner Mandantschaft „frei heraus" (liber) klar, dass er dies nicht mit seinem anwaltlichen Ehrenkodex (honestum) vereinbaren könne.

Eine andere, eher moralische Art der Sippenhaft exerziert Plinius dagegen, als er den Tod des jungen Regulus zum Anlass nimmt, dessen charakterlose Labilität als Abbild des trauernden Vaters zu zeichnen. Der Nachruf gerät so zur Abrechnung mit einem widerlichen Denunzianten, der unter Kaiser Domitian ebenso wie zuvor am Hofe Neros sein Unwesen getrieben hatte und mit dem Plinius seit langem in innigster Feindschaft verbunden war: „Regulus hat seinen Sohn verloren – das einzige Unglück, das er nicht verdient hat. Er war ein Junge von lebhafter, aber zweifelhafter Art (ingenii ambigui), aus dem aber dennoch etwas hätte werden können, wenn er nicht seinem Vater nachgeschlagen wäre ... (si patrem non referret). Trotzdem trauert er um den Toten wie von Sinnen. Der Junge besaß viele Ponys, größere und kleinere Hunde, Nachtigallen, Papageien und Amseln; alle Tiere ließ der Vater vor dessen Scheiterhaufen abschlachten. Keine echte Trauer, sondern nur eine Show. Alle verfluchen und hassen ihn ... Nec dolor, sed ostentatio doloris. Cuncti detestantur, oderunt ... „(ep. 4, 2)

Auch in der Trauer muss der Weise, sagt Seneca, einen gewissen Anstand wahren. Dieser „dolendi decor" (ad Lucil. 99, 21) geht Regulus völlig ab und die Trauerfeiern geraten zum Offenbarungseid seines „kranken Charakters ... ingenium insanum" (ep. 4, 7, 4). Das Trauern eskaliert bei ihm zu einer versessenen Manie – wer zu echter Empathie nicht fähig ist, reagiert sich in der sinnfreien Leere eines aktionstischen Totenkults ab: Er habe – so Plinius – ganz einfach „beschlossen (placuit), um seinen Sohn zu trauern, und so trauert er wie kein anderer Mensch. Er hat sich in den Kopf gesetzt, möglichst viele Statuen und Bilder von ihm fertigen zu lassen – aus Wachs, Erz, Silber, Gold, Elfenbein und Marmor ..." Polypragmasie, wörtlich „Vielgeschäftigkeit", lautet im Allgemeinen das abfällige Urteil über serienweise Kunst wenig origineller Art, wo mit serienhaften Imitationen mehr Masse als Klasse reproduziert wird. Solche „Vielgeschäftigkeit" passt zu einem, der mit seinem „flatterhaften Geist" (tam mobile ingenium – ep. 2,11,22) seine Anwaltskollegen regelmäßig im Stich lässt.

Einen noch härteren Verriss findet die Kurz-Vita, welche der Vater als Nachruf über seinen Sohn nicht nur verfasst, sondern – noch schlimmer – vor einem „ungeheuren Auditorium" selbst „mit schriller Stimme und stotternder Zunge rezitiert" hat (recitavit). Zu allem Übel hat er diese Biographie ebenfalls per Massenproduktion „in tausendfacher Auflage über ganz Italien und die Provinzen" verbreitet, damit es in jeder Gemeinde öffentlich vorgelesen werden könne. Es sei aber ein „so albernes Machwerk, dass man meinen könne, es sei nicht ü b e r ein Kind, sondern v o n einem Kind geschrieben ... non de puero, sed a puero." (4, 7, 7)

Regulus: „Ein Feigling und Kriecher, der größte Lump unter allen Zweibeinern, ein nichtsnutziger Betrüger und Erbschleicher, verschwenderisch trotz grenzenloser Habsucht und prahlerisch trotz aller Verkommenheit, ein notorischer Lügner, extrem abergläubisch, gegen jeglichen Anstand verstoßend, immer totenblass und mit schwachem Gedächtnis ..." Wenn man den gesammelten Zitaten aus Plinius' Erfahrungs- und Wortschatz noch die Erzählung (ep. 1,5) hinzufügen würde, wie er die hinterhältigen Attacken des Denunzianten selbst am eigenen Leibe unter Lebensgefahr (capitaliter) zu spüren bekam, wird klar, dass Plinius – nach dessen juristischen Kategorien – in der Causa Regulus vorbelastet und persönlich zu befangen war, um mit dem Todesfall in dessen Familie pietätvoll umzugehen.

Beim Tod von Regulus junior hatte Plinius bereits so viel Dampf abgelassen, sich an seinem Intimfeind so gründlich abgearbeitet, dass er später, als der Senior selbst das Zeitliche segnet, relativ moderat reagiert und seinen Nachruf auf den Sarkasmus beschränkt: „Regulus hat gut daran getan, dass er starb. Noch besser wäre es, wenn er früher gestorben wäre ... bene fecit, quod mortuus est – melius, si ante." (ep. 6, 2)

Ganz anders, als er vom Suizid des Corellius Rufus erfährt: „Amisi vitae meae testem, rectorem, magistrum – den Begleiter, Lenker und Lehrer meines Lebens habe ich verloren." (ep. 1,12) Untröstlich und in tiefer Anteilnahme zeichnet er dessen Leidensweg nach: Bereits mit 33 Jahren sei er von der Gicht (pedum dolore) befallen worden, einer Erbkrankheit, gegen deren chronische Qualen (cruciatus) er durch disziplinierte Lebensweise (abstinentia et sanctitate) und mit übermenschlicher Willenskraft zeitlebens angekämpft habe. Als im Alter aber die Schmerzen sich von den Füßen auf den ganzen Körper ausbreiteten, habe er beschlossen, die „nur noch lockeren Bande des Lebens „(minora retinacula vitae) zu zerreißen. Er verweigert strikt (obstinate) die Nahrungsaufnahme (cibo abstinebat) und weder Gattin noch Tochter oder Freunde und auch nicht der zu Hilfe gerufene Plinius selbst können ihn umstimmen. Seinem Arzt hatte er – in abgehobenem Griechisch einen Hauch von Pathos inszenierend – die lakonische und ebenso dezidierte Antwort zuteilwerden lassen: „Kekrika – meine Entscheidung ist getroffen." Denn der so hohe Wert des Lebens war bei ihm durch höhere „rationale Abwägungen des Todes „(rationibus vitae) überlagert worden. Ein Nachruf, der wie eine Rechtfertigung der Euthanasie klingt. Nun gehörte zwar die „exagoge", der selbstbestimmte Austritt aus dem Leben, in weiten Kreisen der antiken Philosophie, insbesondere der Stoiker, zu den „menschlichen Grundrechten". Seneca hatte, in Anlehnung an Epikur, das Recht auf Suizid mit einem paradoxen Wortspiel legitimiert: „Malum est in necessitate vivere – sed in necessitate vivere necessitas nulla est: Es ist ein Übel, in einer Zwangslage zu leben – doch es ist kein Zwang gegeben, unter Zwang zu leben." Nicht medizinischer, sondern politischer Art war die „necessitas", die Seneca „zwang", sich die Pulsadern aufzuschneiden, um sein Leben unter der Zwangsherrschaft Neros nicht sinn- oder würdelos zu verlängern. – Für den todkranken Corellius Rufus dagegen zählt als Suizid-Motiv alleine die medizinische Notlage, während er den Aspekt der politischen Zwangslage, die Terrorherrschaft unter Kaiser Domitian, geradezu auf den Kopf stellt. Als Plinius einmal den Schwerkranken besuchte, verrät dieser in einem vertrauten 4-Augen-Gespräch das Geheimnis seines Lebenswillens: „Warum, glaubst du, halte ich diese grässlichen Schmerzen so lange aus? Doch nur, damit ich diesen Verbrecher um 1 Tag überleben kann ... ut isti latroni uno die supersim." Lebenselixier, vielleicht auch Morphium-Ersatz: Unter der Tyrannis nicht sterben zu wollen, sondern – jetzt erst recht dem Tyrannen zum Trotz – diesem noch im Tode ein Schnippchen zu schlagen. Seine Gebete wurden erhört: Nachdem Domitian im Alter von 45 Jahren von den Dolchen der Verschwörer abgeschlachtet worden war, hat der 67-Jährige sich erst „endlosem Siechtum entzogen, als der Staat – unter Nerva, dem ersten Adoptivkaiser – wieder aufblühte ... florente re publica." Ebenso der Konsul Verginius Rufus, bei dessen pompöses Staatsbegräbnis (insigne spectaculum) kein Geringerer als Cornelius Tacitus, damals im Amt des Konsuls, die Leichenrede hält. Nachdem er Domitian knapp entgangen sei, habe das Schicksal ihm noch dessen Nachfolger (Nerva), „den besten Herrscher und zugleich engsten Freund, geschenkt – als wolle es ihm so die Ehre eines Staatsbegräbnisses reservieren ... ipsum honorem publici funeris reservatus." (ep. 2,1) Es ist die Zeit der Überlebenskünstler. Verginius Rufus aber übertrifft sie alle: Als er mit 83 Jahren in tiefster innerer Ruhe (tranquillitate) und bei bester Gesundheit (firma valetudine) stirbt, hat er nicht nur Domitian und dessen Intrigen, sondern auch sich selbst und „seinen eigenen Ruhm überlebt ... gloriae suae supervixit." (ep. 2,12, 2) Denn es sei ihm vergönnt gewesen, noch zu Lebzeiten die über ihn verfasste Panegyrik zu lesen und so in seinem Nach-leben persönlich präsent zu sein (posteritati suae interfuit). Damit habe er sich unsterblich gemacht: „Vivit enim vivetque semper in memoria hominum ..." – Als tragisch hingegen empfindet Plinius das vorzeitige Ende des C. Fannius, eines scharfsinnigen Mannes mit Kultur und Eloquenz, den er besonders geliebt habe ... acutus natura, elegantem, disertum ..." (ep. 5,5) Tragisch deshalb, weil sein Lebenswerk unvollendet (opus imperfectum) blieb: Während seine 3 Bücher über die politischen Opfer Neros noch in statu nascendi waren, soll ihm im Traum – Plinius hatte ein Faible für Spukgeschichten – Neros Geist über die Schulter geschaut haben; so blieb das Werk ein unvollendetes Fragment. Vor allem aber gehört zu einem perfekten Tod auch ein perfektes Testament. Fannius aber hatte ein veraltetes Testament (veteri testamento) hinterlassen, bei dem Freunde übergangen, Feinde dagegen bedacht worden waren.

Viel besser machte es die ungewöhnlich rüstige Ummidia Quadratilla, die im Alter von 80 Jahren verstarb und dabei ein Testament hinterließ, das ihr höchste Ehre einbrachte: „Decessit honestissimo testamento." (7, 24)

Damit sind aber die Lobeshymnen des Nachrufs auch schon fast erschöpft. Denn ansonsten war sie zeitlebens in ihren „vielen Mußestunden" mit Brettspielen oder Theateraufführungen beschäftigt und hielt sich hierzu in ihrem Hause Pantomimen, die sie ausgiebiger verwöhnte, als es sich für eine adlige Dame geziemte: ... pantomimos fovebat effusius, quam principi feminae convenit." Ihren Enkel, der in dem „ehrenvollen Testament" als Haupterbe eingesetzt war, schickte die flotte Seniorin dabei regelmäßig weg. In ihrer Obhut aufgewachsen und „äußerst streng" (severissime) erzogen, erfuhr dieser erst nach dem Tode seiner „mondänen Großmutter" (avia delicata) von deren Doppelleben.

„Ausgiebiger als es sich für ihren Stand geziemte" – mit ähnlicher Formulierung hatte zu republikanischen Zeiten der Tugendwächter Sallust eine Lebedame aus der konspirativen Catilina-Szene gerügt, welche „eleganter singen und tanzen konnte, als es für eine ehrbare Frau nötig ist ... elegantius, quam necesse est probae" (Sall., de coniur. Cat. 25)

Das „de mortuis nihil nisi bene" stößt eben da an seine Grenzen, wo Frauen die vorgezeichnete Rollenerwartung nicht erfüllen und sich das Individualrecht auf ein unkonventionelles Leben selbstbewusst herausnehmen.

## 10. Seneca: Unausgesprochene Lebensweisheiten eines Pragmatikers

„I cannot bear him – Ich kann ihn nicht ausstehen", urteilte der britische Politiker und Historiker Macaulay (1800–1859) über Seneca. Seine zum Überdruss „zitierten Sentenzen" (sentences quoted) zu lesen sei „wie ein Diner mit nichts außer Sardellensauce (like dining on nothing but anchovy sauce). Dessen überwürzte Konzentrate sind, um in kulinarischer Metaphorik zu bleiben, nicht jedermanns Geschmack und für Freunde leichter Kost schwer verträglich. Mit seinen abgehackten „minutissimae sententiae", die bei der damaligen Jugend nahezu „die einzige Lektüre" waren (Quintilian), hatte Seneca freilich seine künftige Rezeptionsgeschichte vorprogrammiert: Hochdosierte, pointierte Lebensweisheiten, die sich für Liebhaber von Aphorismen und weisen Kalendersprüchen eignen – der einst angesagteste Autor bei der Jugend wird als „Seneca für Manager" (Artemis 1990) zum Vademecum für Stressgeplagte vermarktet.

Nachhaltiger aber (um ein Modewort zu verschleißen) sind die Lehren, die nicht Papier und Tinte, sondern das Leben selbst oder auch – wie bei Seneca – der Tod geschrieben haben. In seiner waghalsigen Gratwanderung zwischen Philosophie und Politik bis hin zur suizidalen Inszenierung steckt eine „message", die von der Nachwelt oft als Paränese gelesen wird: „Weil er exemplarisch leben wollte, ist es keine theatralische Pathetik, wenn er wie Sokrates starb ..." (Ulrich Knoche) – Nicht nur in seinem von Tacitus (Ann. 15, 64) per Zeitlupe geschildertem Tod (lentitudine mortis), sondern auch in den Fakten seiner Vita schlummern latent implizite Lebensregeln, welche – wenn er sie ausgesprochen hätte – ebenso plakativ und provokativ gewirkt hätten wie seine lebendig ausformulierten Sentenzen. Aber er hat „sich indes nur durch sein (literarisches) Werk an die Nachwelt gewandt, nicht durch (autobiographische) Kunde von seinem Leben ..." (Fuhrmann, Seneca und Nero, S. 329).

Was käme wohl dabei heraus, wenn wir sein stilles Lebensbild zum Sprechen bringen und in verbalisierte Maximen von Lebensweisheit ummünzen könnten?

**Regel 1:** Verachte den Reichtum nicht wirklich – tue nur so!

„Magnus ille, qui in divitiis pauper est ... Groß ist, wer es schafft, bei allem Reichtum arm zu bleiben. „(ep. 20, 10) Wirklich verachten muss man nur die „mala", die negativen Charaktereigenschaften. Geld aber gehört zu den wertneutralen Adiaphora, mit denen auch der Philosoph recht komfortabel und ethisch konform leben kann, wenn er sich nur innerlich von ihnen trennt. Eine äußere, reale Trennung im Stile eines Diogenes mag Sache der Kyniker sein. Mir ist jeglicher Exhibitionismus zuwider – sei es der Armut oder des Kapitalismus und auch des Philosophenhabitus. Ich brauche hierzu keine Tonne als Wohnraum, sondern baue mir eine virtuelle Parallelwelt der simulierten Armut auf: In meiner Villa gehe ich so demütig geneigt, als sei es eine niedrige Hütte, und mein Tafelsilber benutze ich so, als sei es aus Ton ... argento quemadmodum fictilibus „(ep. 5)

„... mein ganzes Leben lang verzichte ich auf Austern und Pilze – keine wirklichen Nahrungsmittel, nur Gaumenkitzler (oblectamenta), die Satte zum Essen stimulieren ... Ebenso verzichte ich auf Salböl, Parfüm und heiße Bäder, die den Körper nur weichkochen ... Und noch in hohem Alter benutze ich nur Matratzen, die so steinhart sind, dass kein Abdruck des Körpers (vestigium) darauf zu sehen ist." (ep. 108) – Wer in einer solchen Blase vorgegaukelter Armut lebt, schafft sich auch ein Refugium vor den Skrupeln des Reichtums und muss nicht wie der reiche Kaufmannssohn aus Assisi namens Franziskus aus Gewissenskonflikten all sein Hab und Gut an die Armen verschenken und sich schließlich völlig nackt von seinem Erbe verbschieden. Konvertiten gelten im Allgemeinen als radikale Extremisten und insbesondere diejenigen, die vom Kapitalismus zum Pauperismus konvertieren. Den Franziskanern und ihren Konsorten hält Seneca entgegen: „Nemo sapientiam paupertate damnavit ... Niemand hat weise Menschen zur Armut verdammt." (de vita beata 23)

Die Hornhaut einer moralisch heilen Welt von gefühlter, subjektiver Armut schützt indes nicht vor dem Sozialneid, der wie eine Klette so hartnäckig an Senecas Bild klebt, dass sogar noch ein (nicht gerade notleidender) Goethe ihn deshalb für „unleidlich, ja lächerlich" hält und der studierte Theologe Hegel dessen „Reichtum und die Pracht seiner Lebensart" anprangert. Schon zu Lebzeiten hatte die Schar der ihn „kriminalisierenden" (criminantium) Neider dessen „ingentes opes" zu ihrer Zielscheibe gemacht: „Ungeheure Reichtümer habe er gehortet und übertreffe mit der Pracht seiner Villen sogar den Kaiser ... villarum magnificentia principem supergrederetur" (Tac., Ann. 15, 52) In diesen Protzbauten stünden mehr als 500 Tische aus Zedernholz mit Füßen aus Elfenbein, munkelt die Gerüchteküche. Und aus den Reihen der Delatoren, wie man damals die Stasi-Agenten am kaiserlichen Hof nannte, wirft ihm ein gewisser Suillius vor, der Multimillionär habe „300 Millionen Sesterzen zusammengerafft ... ter milies sestertium paravisset." (Ann. 13, 42)

Die auch der „törichten Menge" bekannte Binsenweisheit „Geld hat man, aber man spricht nicht darüber" hat der weise Seneca mustergültig vorgelebt, obwohl bzw. weil er „notorisch zu den wohlhabendsten Menschen seiner Zeit gehörte." (Fuhrmann, Seneca S. 225) Anders als Cicero, der bei jeder unpassenden Gelegenheit seine Villensammlung präsentierte, sind Senecas Zeugnisse hierüber so „sporadisch", dass die Rekonstruktion seines weit verstreuten, „trans mare" sich ausdehnenden Immobilienbesitzes (de vita beata 17) den Historikern Mühe bereitet.

Seinen Reichtum verdankt er dem Kaiser und will ihm bei seinem Entlassungsgesuch das „unzählbare Geld – innumeram pecuniam" (Ann. 14, 53) zurückgeben. Dabei ist es nicht anrüchig, wenn der eigentliche Macher der Politik fürstlich belohnt wird. Auch Bismarck stieg durch kaiserliche Dotationen zur Nr. 1 der deutschen Großgrundbesitzer auf und konnte so – bei kontemplativer ambulatio durch das Refugium seines Sachsenwaldes und dabei „in Gedanken und Erinnerungen" versunken – sich dessen erfreuen, was Seneca nicht vergönnt war: Ein otium cum dignitate.

**Regel 2:** Rechne mit deinen Feinden gründlich ab – ohne Gnade, aber mit Stil!

„Vindicta nemo magis gaudet quam femina – Niemand ergötzt sich mehr an der Rache als eine Frau." (Iuvenal,

Sat. 13) Irrtum: Alle werden übertroffen von einem, der ansonsten erlittenes Unrecht mit der Arroganz des „Weisen" als belanglose „accidentia" abtut und so „stoisch erträgt wie die Kälte des Winters ... moderate fert ut rigorem hiemis." (De const. sap. 8)

Von 41 – 49 n.Chr. musste Seneca als Verbannter auf der gottverlassenen Insel Korsika fristen, wohin er durch ein Dekret des Kaisers Claudius relegiert worden war – 8 Jahre Verlust von Heimat und Familie, Zivilisation und Kultur, Ehre und Vermögen. Als Claudius 54 n. Chr stirbt, vergiftet von Senecas mächtiger Protektorin Agrippina, sieht dieser die Zeit gekommen, sein Exil – Trauma an dem Verstorbenen postum abzuarbeiten. „Memoria iniuriarum tenax – die Erinnerung an erlittenes Unrecht ist hartnäckig." (De prov. 6) Sie schadet dem seelischen Gleichgewicht, der „tranquillitas animi" des Weisen. In einer solchen Ausnahmelage ist es dem „Sapiens" erlaubt, die Maxime des „de mortuis nihil nisi bene" mit Füßen zu treten. Den in 8 Jahren aufgestauten Frust kann man sich mit unflätigem shit-storm von der Seele reden, so wie Cicero den Schuldigen seines Exils, Cäsars Schwiegervater Piso, als Missgeburt, Affe, Schwein und vielen anderen Vokabeln aus dem Tierreich beschimpfte. Einen läuternden „kathartischen" Effekt hat dies aber nicht; es dient weder der eigenen Psyche noch der Selbstachtung. Effektiver und auch intelligenter dagegen war Senecas Racheakt: Seine Satire „Apokolokyntosis" (Verkürbissung) kommt einer „literarischen Hinrichtung" gleich, welche den hinkenden und stotternden Kaiser in einem „ebenso giftigen wie geistvollen Pamphlet" vollends zur „Witzfigur" macht (Fuhrmann). Besonders genial, wie Seneca – seinerzeit wegen eines konstruierten Sexualdelikts mit Caligulas schöner Schwester Livia Drusilla schuldig gesprochen – die Abrechnung mit der kaiserlichen Justiz den Göttern bzw. dem göttlichen Augustus überlässt, welche er zitiert mit: „Seht diesen Behinderten, von den Göttern während eines Zornanfalls erschaffen! Beweint den, der als Richter nur eine Seite angehört hat … una parte audita …" Die Negation des „audiatur et altera pars" – so ziemlich die höchste Stufe richterlicher Disqualifikation.

„Memento: Lege anderen – vor allen solchen mit höherer Autorität – die Urteile über deine Feinde in den Mund und lass sie so geistreich aburteilen, dass du dabei die Lacher auf deiner Seite hast. Mache aber Vergangenheitsbewältigung nicht zu deiner Lebensaufgabe. Wer permanent an unverdautem Unrecht nagt, dem entgleitet ein großer Teil des Lebens – magna pars vitae elabitur (ep. 1). Denn lebenslang in kleinen Raten heimzuzahlen ist wie einem schlechten Leben ein gutes Leben hinterherzuwerfen. Verschleppter Rachedurst ist Zeichen eines nachtragenden Geistes und die Quelle neuer Affekte. Schaffe daher die Sache mit einem einzigen finalen Streich so gründlich aus der Welt, dass alle Erinnerung getilgt ist." – Nach seiner „literarischen Hinrichtung" war der Kaiser auch für Senecas Psyche mausetot und kein Thema mehr.

„… omnes iniurias inultas dimittat – alle Ungerechtigkeiten lässt der Weise ungerächt." (constantia sapientis, 9) Dabei legt Seneca jedoch immer Wert darauf, in aller Bescheidenheit zu erklären, er sei noch kein „sapiens", sondern erst ein „proficiens" auf dem Wege zur Weisheit. Weise aber ist auch der, der weiß, dass er noch nicht weise ist – und daher menschlich, vielleicht allzu menschlich oder einfach nur pragmatisch handelt.

**Regel 3:** Tilge die Erinnerung an fluchbeladene Stätten!

Wer 8 Jahre auf einer kleinen felsigen Insel zubringen muss, hat Zeit, dort jeden einzelnen Stein umzudrehen. Wer sich dann aber an nichts weiter erinnert, als dass sein Aufenthaltsort eine Insel (haec insula) bestehend aus einem einzigen großen Stein (hoc saxum) gewesen war, dem ist die damnatio memoriae in eigener Sache perfekt gelungen. Allenfalls trockene Angaben über Natur und Geographie seines Verbannungsortes, des ebenso karstigen wie garstigen Korsika, lässt sich Seneca im Brief an seine Mutter (ad Helviam 6 ff) entlocken: Ein kahler Felsklotz, eine abstoßende Landschaft, ungesundes Klima und unproduktive Wirtschaft. Der Stoiker lässt nicht zu, dass die Topographie irgendwelche affektiven Verbindungen, sogenannte „Konnotationen" mit dem Odium seines Exils eingeht. Menschliche Kontakte mit den unkultivierten Insulanern – „mehr Fremde als Einheimische" – sind Fehlanzeige. Mit der kühlen Distanz eines professionellen Ethnographen hält er sich diese ebenso vom Leib wie die sterile Natur der Insel. Der Exilant tut alles, um zu verhindern, dass Korsika sich als persönliche Gedenkstätte seines Exils festsetzt. Eine Investition in die Stabilität seiner Psyche, die sich langfristig auszahlen wird.

Anders Ovid, der in seinem Exil Wurzeln schlägt, dort in traurigen Gedichten (Tristia) und Briefen vom Schwarzen Meer (epistulae ex Ponto) sein Leben in Tomis schildert und so zum „Dichter des Exils" (K. Volk, Ovid, S. 26 ff) und sogar zum integrierten Neubürger der Provinz wird, welcher in der einheimischen getischen Sprache Verse schmiedet (ep. 4, 19) – sprachliche Assimilation par excellence. Auch der größte Poet Italiens wird sich in seinen Briefen aus dem Exil beklagen, dass er „schuldlos verbannt" (exul inmeritus) sei. Während seiner 18-jährigen Odyssee (1303 – 1321) zwischen Florenz und Ravenna sieht sich Dante in den autobiographischen Tönen seiner Divina Commedia (Par. XVII, 58 ff) als „Bettler, der von dem bitteren Brot der Fremde essen und harte Stufen auf fremden Treppen besteigen muss." (38) Und diese Bitterkeit der Fremde verbindet er mit den Stationen seiner Flucht in emotionaler Metaphorik: Er sei „wie ein Schiff ohne Segel und Steuer, getrieben vom Winde schmerzlicher Armut an die verschiedensten Häfen ..." (convivio I, 3, 4)

Noch emotionaler schaffte es nur Cicero, der in den 9 Monaten seines komfortablen Exils im Kultur-Mekka Griechenland es auf 33 heimwehkranke Briefe bringt. Einen Gefallen hat er damit weder seinen Adressaten noch sich selbst getan. Die Aufarbeitung des Exiltraumas wird sich später wie eine unendliche Schleimspur durch seine Briefe, Reden und Psyche dahinziehen.

Seneca aber hat Korsika keine Chance gegeben: Weder konnte das düstere Eiland sich in Vita und Psyche „nachhaltig" festsetzen noch hat er selbst dort Spuren hinterlassen – zum Leidwesen von Archäologie und Tourismusbranche, die anstelle eines Seneca-Museums mit einem anderen Fluch der Insel, der Geburtsstätte Napoleons, vorliebnehmen muss.

Rat des Psychologen: Lösche unselige Namen aus deinem Gedächtnis – seien es die psychischen Hinrichtungsstätten in Schule, Familie und Beruf oder andere Unglücksorte!

**Regel 4:** Zeige eindeutiges Profil, aber bleibe dabei so polyvalent, dass du konträre Positionen stets absorbieren kannst – klare Kante mit geschmeidigen Dehnfugen!

Berührungsängste mit den Nachbarlagern der philosophischen Konkurrenz kannte der Stoiker nicht. Mit dem heiteren Heraklit oder dem finsteren, für seine „obscuritas" (ep. 12) bekannten Demokrit flirtet er ebenso ungeniert wie mit verbissenen Sophisten und zu „Platon und Aristoteles und der ganzen Schar der Weisen – turba sapientium „(ep. 6) sucht er stets vertraute Nähe. Einen aber geradezu provocant engen Schmusekurs führt er ausgerechnet mit dem direkten Rivalen Epikur, dessen Bonmots er so „großartig" (egregie) findet, dass er diese „verba generosa „in genialem Handstreich peu a peu für sich vereinnahmt. Er „pflege – nicht als Überläufer, sondern als Kundschafter – in fremde Lager überzugehen" (ep.2), und pflücke, in Anspielung auf die epikureischen Gärten, auch „ex alienis hortulis" (ep. 4). Dann aber lässt er die metaphorische Maskerade fallen und bekennt sich expressis verbis zum Plagiat: „Epicurum compilamus – wir plündern Epicur aus" (ep. 8). Frei von euphemistischen Metaphern und frei von jeglichen Skrupeln – schließlich sei von Epikur „vieles so gut gesagt – multa tam bene dicta" worden, dass es zum „Allgemeingut – voces publicas „geworden sei. Urheber-Rechte aberkannt und die „verba generosa" als geistiges Eigentum usurpiert. Unter pazifistischer Flagge werden die Grenzzäune zum epikureischen Erzfeind eingerisssen und ersetzt durch Brücken von Harmonie und Konsens. Die Diskrepanzen, die „so groß sind wie die zwischen Mann und Frau „(constantia sap. 1), schmelzen auf den Nullpunkt. Auf ihnen herumzuhacken, bleibt der Abteilung Attacke im stoischen Lager überlassen, wo sturköpfige Dogmatiker vom Schlage eines „Cato rigidus" (ep.11) es als Ehre empfanden, bei Epikurs Lüstlingen die Rolle des miesepetrigen Spiel – oder Lustverderbers zu spielen.

Wer dem Konkurrenten so brückenbauend die Hand reicht und so konziliant konträre Positionen neutralisiert, dem würden heutzutage Ambitionen auf den Friedens-Nobelpreis unterstellt werden. Doch Seneca wird noch eine weitaus größere Ehre zuteil: So unkonventionell und souverän, wie er mit Dogmen, Traditionen und Autoritäten umgesprungen war, gewinnt er an Affinität zu dem messianischen Nonkonformisten, der mit seinem „ich aber sage euch" den orthodoxen Juden ihren Moses samt Sabbat und Beschneidung um die Ohren schlug. Seneca erlebt postum eine Metamorphose zum christlichen Denker, von den Kirchenvätern ebenso vereinnahmt, wie er sich selbst „seinen Epikur" für die eigene Lehre konfisziert hatte: „Ein wahrer Verehrer Gottes – verus cultor dei" (Laktanz). Auf die falsche Fährte führt aber sein rhetorischer Stil, der in „atomisiertem" Satzbau paradoxe Antithesen auf die Spitze treibt: „... traurig, aber immer voller Freude. Arm, aber doch machen wir viele reich. Nichts haben wir, besitzen aber alles – Tristes, semper autem gaudentes ... nihil habentes et omnia possidentes." Klingt wie Seneca an Lucilius, ist aber an die Gemeinde von Korinth (2. Cor. 6) gerichtet und der ebenso spitzen Feder des einzigen Apostels entsprungen, der an leidenschaftlicher Rhetorik, sprachlicher Finesse und hellenistischer Bildung mit Seneca auf Augenhöhe „hätte" verkehren können. Hätte: Die beiderseitige Vorliebe für aufrüttelnde Paränese in lebendigem Dialogstil hatte den Eindruck von gleichgesinnter Kongenialität so verstärkt, dass auch große Kirchenväter dem fingierten Briefwechsel zwischen Paulus und Seneca auf den Leim gingen: Die ca. 40 „in elendem Latein verfassten" (Fuhrmann) Episteln sind so echt wie die von dem „findigen"

Luciano de Crescenzo 1998 „zufällig entdeckten" Antwortschreiben des Lucilius. Wer Tür und Tor für allerlei Interpretationen offenlässt, kann eben auch von aller Welt in Anspruch genommen werden. Noch nicht entdeckt sind bislang Senecas Korrespondenzen mit dem internationalen Kosmopolitismus, der den Nationalisten aller Herren Länder den Kampf ansagt, mit Bewegungen des militanten Pazifismus, mit Reformpädagogen, die sich für eine Humanisierung des Schullebens einsetzen, oder Menschenrechtsaktivisten oder ...

## 11. Kaiser Titus: Christianisierter Antisemit oder römischer Philosemit?

Dass große Geister von ihrer Rezeptionsgeschichte, also von eigenen Deutungen späterer Lesergenerationen, vereinnahmt und verformt werden, ist keine Seltenheit – insbesondere dann, wenn sich das besitzergreifende Christentum ihrer annimmt und sie postum „christianisiert." Ein ähnliches Schicksal wie Seneca erlitt auch Vergil, der mit seiner 4. Ekloge zum Propheten der Geburt Christi avancierte. Schlimmer erging es dem Kaiser, der für die Christen zum heldenhaften Vollstrecker „des göttlichen Strafgerichts über die Juden" (Eusebius, Kirchengeschichte 3, 5) wurde. Fremde Völker zu unterwerfen und deren Heimat dem Erdboden gleichzumachen, war für einen sendungsbewussten vir vere Romanus an sich nichts Besonderes: Das „regere imperio et debellare superbos" (Vergil) gehörte quasi zu den routinierten Pflichtübungen eines römischen Imperators bzw. Imperialisten. Doch dieser großartige Titus schaffte es, nicht nur Jerusalem in Schutt und Asche zu legen, sondern auch den Tempel gründlich auszuplündern und das Allerheiligste samt Thora und Menora als Beutekunst nach Rom zu deportieren. Dort vom Tempel der Isis aus – eine vielleicht zufällige Spitze des Sakrilegs – wurde der Triumphzug eingeleitet, bei dem der „staunenden Menge und unter dem Freudengeschrei der Soldaten" (Flavius Josephus) die entheiligten Trophäen präsentiert wurden. Dokumentiert ist die Szenerie im Titusbogen, der das Triumphatoren-Duo Titus und Vespasian mit Lorbeerkranz, Purpurtoga und der fragwürdigen Staffage jüdischer Kriegsgefangener verewigt, bis das Relief seinerseits – Retourkutsche des Schicksals – beim Sturm der Vandalen 455 n. Chr. selbst ein Opfer von Raubkunst wurde. Dokument zugleich einer epochalen Zeitenwende: „Kaum ein zweites Ereignis hatte einen derart nachhaltigen Einfluss auf die Geschichte Israels wie der Verlust des Tempels ... und der ca. 15 Hektar große Tempelplatz ist heute das umstrittenste Stück Land dieser Erde". (Küng, Das Judentum S. 166) Die Ära der Tempelreligion und damit der jüdischen Theokratie war beendet. Der Stab des göttlichen Bundes wurde weitergereicht an die Christen, welche sich als „die wahren Kinder Abrahams" nun berufen fühlten, ihr legitimes Erbe anzutreten. Der Feind meines Feindes ist mein Freund: Nach dieser goldenen Regel wurde der Terminator, der dem einst erwählten Volk Gottes den Garaus gemacht hatte, von den Profiteuren der heilsgeschichtlichen „translatio imperii" buchstäblich in den Himmel – zumindest in das Paradies Dantes – gelobt. In dessen „hall of fame", der Walhalla christlicher Heroen, war Titus ein christlicher Ehrenplatz sicher: „Der gute Titus (buon Tito), weil er die Wunden aus dem Verrat des Judas rächte ... vendico" (purg. 21, 82), wird ins Paradies vorgelassen – ein ungeheures Privileg, das ansonsten allen Nichtchristen strikt verwehrt bleibt, egal wie edel sie im Diesseits gewesen sein mögen. Und das einzig deshalb, weil er „Rache nahm an der alten Sünde ... vendetta del peccato antico." (parad. 7, 92). Der „Beerbungsvorgang", der die Beziehungen zwischen Juden und Christen nachhaltig „vergiftete" (Küng, S. 451 ff), hat auch das Bild von Titus grundlegend verfälscht: Die profane Biographie der Antike, noch nicht infiziert von christlicher Ideologie, beschreibt Titus als „natura benevolentissimus" (Sueton, Divus Titus 8,1). Kein Wunder daher, dass solch ein Superlativ an geborener Güte auch zum „amor ac deliciae humani generis „(1,1) wurde – zum „Liebling des Menschengeschlechts" oder einfach everybodys darling. Zu einem solchen Naturell passt keine blutrünstige „vendetta". Und der Aufruf zur Rache an einem „noch nie da gewesenen Mord, bei dem in Jerusalem am Kreuz Gott getötet wurde" (Bischof Melito von Sardes), hätte seinem römisch-polytheistischen Religionshorizont wohl allenfalls ein gütiges Stirnrunzeln entlocken können. In das Bild des gutmütigen Dicken – nach dem Klischee von Shakespeares Cäsar „lasst wohlbeleibte Männer um mich sein" – passt auch die biographische Physiognomie: „Neque procera statura et ventre proiectiore ..." (Sueton, 3,1) – statt schlanker Statur ein runder Bauch.

Noch schlimmer aber wütet die Polemik des orthodoxen Judentums am Zerrbild des historischen Titus: Blut sei aus dem heiligen Tempelvorhang geflossen, als dieser Frevler ihn mit dem Schwert durchstoßen habe. Eine Hure habe er in das Allerheiligste mitgeschleppt und mit ihr vor dem Altar auf einer Thora-Rolle geschlafen. Den Altar habe er mit einem Schweinskopf entehrt und dabei „begonnen, Gott zu schmähen, zu fluchen, auszuspucken und ..." (G. Stemberger, Die römische Herrschaft im Urteil der Juden S. 70 ff) Es sind variable Versatzstücke aus einer standardisierten Topik, welche Titus mit dem Senior-Kaiser Vespasian, dem späteren Eroberer Hadrian und anderen sogenannten Tempelschändern in einen Topf wirft. Selbst Pompeius der Große, der 63 v. Chr. Jerusalem einnahm und für Cicero seitdem „unser Jerusalemer" war, rangierte in dieser dämonisierten

Reihe von Frevlern, obwohl er den Tempel mit äußerster Ehrerbietung betreten haben soll. Als Prototyp unter den Tempelfrevlern gilt aber Antiochus IV. Epiphanes, der „in das traditionelle jüdische Geschichtsbild als Erzbösewicht eingegangen ist." (J. Maier, Grundzüge des Judentums S. 29) Gegen dessen provokative Blasphemie hatten sich die Juden um ca. 170 v. Chr. in dem berühmten Makkabäer-Aufstand erhoben, nachdem dieser im Tempel „Schweine und alle möglichen unreinen Tiere opfern ließ ... immolari carnes suillas et pecora communia." (1.Macc. 1,50) Und selbst der frühe Tod des erst 41-jährigen Titus – aufgefressen von einer riesigen Mücke, die sich in sein Hirn gebohrt habe – wird vom Topos „Strafgericht" verzerrt. Für die rabbinische Tradition ist der Römer nach der biblischen Vision Daniels nichts anderes als „die 4. Bestie" (bestia quarta), der Repräsentant des eschatologischen 4. Reiches, das „größer sein wird als alle vorigen und die gesamte Erde verschlingen und zermalmen wird – maius erit omnibus regnis ... devorabit universam terram et conculcabit ..." (Dan. 7, 23) Aus dieser ideologischen Schablone zu entkommen hat Titus keine Chance. Die rabbinische Tradition interessiert sich wenig für Charakter und Personalien eines solchen Individuums – ihr Titusbild ist „entstanden aus seiner Typisierung zum Erzverfolger." (G. Stemberger, S. 73) So könnte es ein Glücksfall für die historische Wahrheit sein, dass es einen jüdischen Patrioten gab, der zugleich pro-römisch dachte und so als Geschichtsschreiber den Spagat zwischen beiden Völkern schaffte: Flavius Josephus, als Kommandant jüdischer Truppen in Galiläa zur Kapitulation gezwungen, tauschte das Schwert mit pazifistischer Tinte und konvertierte zum Geschichtsschreiber einer

Vökerverständigung, die den Ausgleich mit Rom sucht. In seinem „Bellum Iudaicum" liegt die Kriegsschuld bei den fanatisierten Zeloten, die „in Wahrheit den Tempel schändeten" (B I. V 363 f) Ultra-orthodoxe „Eiferer", die 3 Jahre später mit einem Kollektiv – Selbstmord auf der Festung Masada ihren spektakulären Abgang aus der Geschichte inszenieren werden.

Titus dagegen wird auf der ganzen Linie entlastet: „Die Juden selbst waren es, die den Tempel durch ihre Schuld in Schutt und Asche versinken ließen ... Sofort eilte Titus zum Tempel, um den Brand zu verhindern, und gab seinen Soldaten die Anweisung, das Feuer zu löschen ... Als er bei einem Rundgang die Berge von Leichen sah, erhob er seine Hände zum Himmel und rief Gott als Zeugen an, dass dies nicht sein Werk sei." (V 519). Am Ende aber ein Feuerwehrmann auf verlorenem Posten gegen Brandstifter und Pyromanen. – Diese romfreundliche Darstellung bleibt nicht ohne Folgen und wird im 10. Jahrhundert in der Diaspora Süditaliens von einem jüdischen Autor namens Josippon übernommen, der Titus „volles Mitleid mit der Stadt und dem Tempel Gottes" attestiert.

Die typisch römische „clementia" in der Tradition Cäsars – bei Flavius Josephus als „philanthropia" gräzisiert – ist die römische Nationaltugend, die Titus repräsentiert. Und gerade seine supranationale Liberalität – der Kosmopolit Seneca würde von „magnitudo animi" sprechen – wird nirgendwo so sichtbar wie in der persönlichen Liaison des Philosemiten mit einer Prinzessin aus dem Volk der Juden: „insignem amorem reginae Berenices, cui nuptias pollicitus – die einzigartige Liebe zur Königin Berenice, der er die Ehe versprochen haben soll." (Sueton 7,1) So schillernd wie der klangvolle

Name, dessen Mutationen von der „Siegesträgerin" bis zur heutigen Veronica schon etymologische Expertisen (K. Bartels: Wie Berenice auf die Vernissage kam) wert war, ist auch ihre Vita: Tochter des Königs Herodes Agrippa, der – ehe er von Roms Gnaden inthronisiert wurde – in Rom „ein Playboyleben" (Reclams Bibellexikon) geführt haben soll. Schwester und wahrscheinlich auch, nach Gerüchten über ein inzestuöses Verhältnis, Frau von Agrippa II, in dessen Begleitung sie 60 n. Chr. den Apostel Paulus kennenlernt, als sie vom Statthalter Festus zum Prozess gegen diesen „Aufrührer" herbei gerufen werden: „Agrippa rex et Berenice descenderunt Caesaream" erzählt die Apostelgeschichte (Actus apost. 25, 13). Sie ist 11 Jahre älter als Titus und wie dieser bereits verwitwet. Aus seiner 2. Ehe war Titus nach der Scheidung noch eine Tochter namens Flavia Iulia geblieben, an der er offensichtlich hing, da die Eroberung Jerusalems ausgerechnet „an deren Geburtstag" (natali filiae) ihn mit besonderer Freude erfüllte.

Doch auch bei seinem 3. Versuch, dieses Mal mit einem Eheglück internationaler Art, war dem sonst von der Gunst der Götter und des Volkes gesegneten Titus kein Fortune beschieden. Berenice lebte als Kaiserin in spe mehr als 4 Jahre (75 – 79) in Rom, doch dann wurde der Druck der Straße offenbar zu groß. Denkbar schlecht war das Image der Juden, die bereits von Cicero zum Volk der Verlierer abgestempelt wurden: „Victa, elocata, serva facta – besiegt, tributpflichtig gemacht und versklavt" (pro Flacco 28). Dazu passt ihr Erscheinungsbild auf den Straßen, wo sie als lästige Bettler auffallen; denn „der Jude sei von kleinauf von der Mutter zum Betteln erzogen worden – Iudaeus a matre doctus rogare" (Martial ep. 12, 57). Und weil diese „Faulenzer" jeden 7. Tag jegliche Art von Arbeit, sogar die notwendige Küchenarbeit verweigern, karren sie am Sabbat ihr vorbereitetes „fast food" mit sich herum. Es ist quasi das Gegenstück zum späteren Sozialneid auf die jüdischen Rothschilds & Co. Dazu kommt, dass sie unsozial sind, die „römischen Gesetze verachten und einem Nichtjuden nicht einmal den Weg zeigen würden ... contemnere leges et non monstrare vias." (Juvenal sat 14, 100)

Eine Frau als First Lady aus einer ethnischen Minderheit von verachteten Sonderlingen stieße beim römischen Volk nicht auf ein Minimum an Akzeptanz. „Invitus invitam dimisit. Gegen den ausdrücklichen beiderseitigen Willen (Sueton 7, 2) trennt man sich einvernehmlich, aber mehr nolens als volens. Die Trennung hat einen Hauch von Romeo und Julia – Tragik, bzw. deren Vorlage Pyramus und Thisbe, an sich, nur dass es hier nicht wie in Ovids Metamorphosen die Patres sind, die intervenieren, sondern die Kombination von Staatsräson mit der Stimme des Volkes: Vox populi, vox Dei.

Es gebe keine Tat, die er bereuen müsse – nur mit einer Ausnahme: „Nullum paenitendum excepto uno" (Sueton 10,1) bilanzierte Titus kurz vor seinem Tode. Das Geheimnis dieser Tat nahm er mit ins Grab. Wilden Spekulationen, es könne eine Anspielung auf eine Eskapade mit Domitia, der Frau seines Bruders, dahinter stehen, trat die Schwägerin mit einem süffisanten „Leider nein" entgegen. Mit einer solchen Romanze würde sie „geradezu prahlen" (immo gloriatura), wenn sie es nur könnte. Vielleicht aber meinte Titus damit eine andere Frau, von der sich unter dem Druck der Öffentlichkeit getrennt zu haben er tief bedauerte?

## 12. Trimalchios Fortunata:
## Neureiches Flittchen oder konservative Hausfrau?

„Hier ruht C. Trimalchio, Mitglied im Gemeinderat. Pflichtbewusst, tapfer, treu (pius, fortis, fidelis), aufgestiegen aus einfachen Verhältnissen. Er hinterließ ein Vermögen von 30 Millionen Sesterzen, obwohl er nie ein Gymnasium besucht hat." (Petron, Satyricon 15, 71, 12)

Eine Grabinschrift – natürlich selbstverfasst, wie es sich gehört für einen „selfmademan", bei dem alles – außer Selbstkritik – selbstgemacht ist. Mit den typischen Merkmalen eines „newcomers", durch dessen gesamte Vita das „ipse vir est" kalauert: Autodidakt im Fach „Geld vermehre dich", in den übrigen, nicht profitablen Nebenfächern unmotiviert, auf Schulversagen ebenso stolz wie auf sein Immobilien-Imperium und permanent unterwegs auf dem Ego-Trip bis hin zum Narzissmus. Im sogenannten Land der unbegrenzten Möglichkeiten soll es Exemplare dieser Spezies geben, die es mit dem ungenierten Exhibitionismus ihrer Schmalspurbildung sogar bis ins Weiße Haus geschafft haben.

Dementsprechend das häusliche Ambiente: Die Tischgesellschaft bei dieser „the millionair's dinner party" (Oxford University Press) stuft den Status der Gäste danach ein, wie viel ein jeder für sich gescheffelt hat – also nahe an der amerikanischen way of life, wo man weniger nach dem Beruf seines Gegenübers fragt, sondern eher „how much money do you make?" Über Bildung reden solche Blindgänger wie Blinde von den Farben: Sie sei ein „Schatz" (thesaurus), aber mit einem Zuviel davon seien ihre Kinder schon genug „versaut – litteris inquinatus"

(46, 7) Und einer von diesen Gernegroß – Trimalchios, Kopien des Gastgebers, bringt diese zum blanken Utilitarismus verhunzte „Bildung" auf den Punkt: „Ich habe keine Geometrie gelernt und kann keinen Homer zitieren. Es reicht mir, dass ich große Buchstaben lesen kann und vor allem die kleine Mathematik beim Prozentrechnen beherrsche – und zwar mit jeder Art von kleinen und großen Geldbeträgen ... partes centum dico." (58, 7)

Das Frauenbild dieser testosterongesteuerten Welt, in der geistige Habenichts mit ihrer Bildungsarmut protzen, ist dementsprechend: Das weibliche Geschlecht sei „eine Brut von Aasgeiern (milvinum genus). Ihnen Gutes zu tun, ist wie Geld in den Brunnen zu werfen" (42, 7), lamentiert einer der Gäste. Und Trimalchio selbst bluten Herz und Geldbeutel, als er mitansehen muss, wie seine Frau nach und nach ihre gesamte Schmuck-Kollektion ablegt, um mit den Pretiosen zu prahlen: „So werden wir Trottel ausgeplündert" (67, 7) kommentiert er den makabren Striptease. Sein Ehrengast Habinnas setzt noch eins drauf: Seiner Tochter würde er eher „die Ohren abschneiden (auriculas praeciderem) als ihr teuren Ohrschmuck zu kaufen ... Denn wenn es keine Frauen gäbe, hätten wir alles wie Dreck (pro luto). Jetzt aber heisst es warm pissen und kalt trinken." (67, 10) Ansonsten sind die Frauen aus dem beschränkten Mikrokosmos beschränkter Machos nur geile Flittchen, die mit Luxus und Laster, Lust umd Libido ihre Duftmarken setzen: Da wird eine Herrin hämisch als „Nachttopf" (matella) verspottet, weil sie sich von einem potenten Sklaven heimlich „erfreuen lässt" – in sexuellem Euphemismus mit „delectaretur" umschrieben. (45, 8) Und mit „wir kennen euch Weiber (vos novimus) „mutiert der selbsternannte Frauenexperte Trimalchio selbst sodann zum Sexprotz: Er prahlt, wie er „seine Herrin so gründlich durchgestoßen (debattuere) habe, dass sogar der Herr Verdacht schöpfte. (69,3) Mit kolportierten Versen aus dem angeblichen Zitatenschatz des Publilius Syrus lästert man sodann über eine protzig aufgetakelte Matrone (matrona ornata), die „auf fremden Betten schamlos ihre Beine breit macht ... tollat pedes." Die pseudo-poetische Einlage schließt mit der süffisanten Frage, ob es sich „für eine Ehefrau schickt, sich nur mit einem transparenten Hauch von Textilien (ventum textilem) zu bekleiden und sich so quasi nackt in der Öffentlichkeit zu prostituieren ... palam prostare nudam?" (55,6)

Die Frau, die in dieses Milieu als Gastgeberin wie geschaffen scheint, heißt Fortunata – die vom Glück Gesegnete. Sie bildet das adäquate weibliche Pendant zu dem „homo gloriosus", mit dem sie auch intellektuell auf „Augenhöhe" steht. Als Gäste neugierig nach ihr fragen, wird Ihnen ein bösartiges Wesen vorgestellt, deren Physiognomie bereits eine Mischung aus Xanthippe, Klytämnestra oder anderen Giftschlangen erwarten lässt: Ein Luder mit bissiger Zunge und Raubvogelblick. Was folgt, ist eine Kurzvita inclusive eines Psychogramms mit Risiko-Ansage, mehr Warnung als Charakterporträt:

„Das ist Trimalchios Frau, Fortunata genannt, welche im Geld nur so schwimmt. Und was war sie vorher? Sie hat ihre Augen überall, auch da, wo es niemand vermutet. Sie ist gefühllos, eiskalt und einfallsreich – vor allem beim Geld. Aber sie hat eine böse Zunge und ist ein übles Klatschmaul. Wen sie liebt, der hat bei ihr einen Stein im Brett – wen sie nicht liebt, der hat bei ihr ausgeschissen ..." (39)

„Lupatria" (Luder) ein sprachliches Unikat, das man bei Homer als „hapax legomenon (nur 1 mal gesagt) bezeichnen würde. Sicher ist nur die sexistische Anspielung auf lupanar, das Bordell, wo die „lupana" – beutegierig wie eine „Wölfin" – ihrem Gewerbe nachging. Aufgepeppt und überladen mit reichlich Schmuck und Schminke, in den grellen Farben einer transparenten Tunica, die sie (anders als der knöchellange „Talar" (talaris = Knöchel) der sittsamen Matronen) hochgeschürzt und kniefrei trug, lockte sie ihre Kundschaft an. Dazu passsend ist der glamouröse, knallbunte Habitus, in dem auch die „lupatria" Fortunata ihren bühnenreifen Auftritt inszeniert: „Da erschien sie unter dem tosenden Applaus der gesamten Tischgesellschaft. Mit einem zierlichen Gürtel von grüngelber Farbe, so hoch gegürtet, dass darunter eine kirschfarbene Tunica hervorleuchtete, mit gedrechselten Kniespangen und goldverzierten Schuhen nach griechischer Mode (phaecasiae) ... Geschmückt mit Armreifen und einem Haarnetz aus purem Gold." (40)

Mit der optischen Darbietung ist allerdings der Hauptpunkt ihres Auftritts bereits erschöpft. Verbales wird nicht kommen – sieht man ab von einem genierten „au, au", als ihr die Tunica hochrutscht, oder Schimpfwörtern wie „Dreckskerl" (dedecus) und „Hund" (canis), als ihr Mann in bester Schwulenmanier über einen verlockend schönen Sklaven herfällt. Nach der Begrüßung mit einem floskelhaften „licet te videre" (= nice to see you) liegt sie kichernd und beschwipst in den Armen ihrer Busenfreundin Scintilla, mit dieser um die Wette albernd. Zur Höchstform läuft sie erst auf, als sie zum Tanzen aufgefordert wird: „Glaubt mir", stachelt Trimalchio die Gäste an: „Niemand tanzt den Kordax besser als sie – nemo cordacem melius ducit." (52, 8) Der Kordax,ein obszöner Tanz im lebhaften Rhythmus des trochäischen Metrums. Er galt als Inbegriff von hemmungsloser Trunkenheit, in der Rhetorik sogar als Metapher für unstrukturiert „dahin taumelnde Sätze" (sententiae cordaces). Eine Meisterin im Kordax = Synonym für sexuelle Hemmungslosigkeit.

Irritierend dabei nur, dass es daneben noch eine ganz andere Fortunata gibt. Den Gästen fällt sie auf und erweckt Neugier, weil sie so emsig „hin und her wuselt – huc et illuc discurreret." (37, 1) Als sie bei Tisch vermisst wird, entschuldigt der Gastgeber seine Frau: „Du kennst sie ja. Solange sie noch nicht das Tafelsilber aufgeräumt und das übrige Essen noch nicht an die Sklaven verteilt hat, wird sie keinen Schluck Wasser in den Mund nehmen." (67, 2) Damit demonstriert sie mustergültig „die pflichtbewusste Sorgfalt der römischen Hausfrau – diligentiam matris familias". (67, 11) In deren Verantwortungsbereich lag auch die Versorgung der „familia", wozu das gesamte „Gesinde" inclusive der Sklavenschaft gehörte. „Domum administrandum, familiam regendam – Haus und Hof zu verwalten" nennt Tertullian, der große Apologet aus Karthago, in seinen „Ermahnungen zur Sittsamkeit" (exhortationes castitatis 12) als vorrangige Aufgaben der materfamilias.

In der konservativen Attitüde einer pflichtbewussten materfamilias nimmt diese Fortunata das tradierte Rollenmuster der Hauswalterin an, welche „sich in der Mitte des häuslichen Treibens bewegend ... als Gebieterin (domina) eine bestimmte Etikette in Anspruch nahm." (Marquardt, Privatleben ... S. 59) In dieser Tradition kann sie antiquierte Tugenden aus dem verstaubten Katalog der verblichenen mores maiorum für sich in Anspruch nehmen: Mit der ihr eigenen „Gewissenhaftigkeit" prahlt sie offen und expressis verbis (diligentiam iactat) und kann dabei aber auch versteckte Tugenden wie Fleiß (industria), Arbeitsliebe (labor) oder Pflichtbewusstsein (officium) implizit für sich geltend machen. Und nicht einmal die altehrwürdige „pietas" (religiöse Pietät) ist Trimalchio heilig genug, um diese nicht, wenigstens in seinem auf materielle Werte reduzierten Verständnis, seiner Frau als Schmuck umzuhängen: „Eine fromme Sache – rem piam" (76,7) habe sie vollbracht als sie alle Kleider und ihren gesamten Schmuck verkaufte, um ihm aus der Patsche der Insolvenz zu helfen. Auch wenn der tiefere, metaphysische Sinn von pietas ihm nicht bekannt gewesen sein dürfte, so bleiben dennoch rudimentäre Reste von ethischen Qualitäten übrig – so etwas wie ein Restwert von Selbstlosigkeit, entsprungen aus dem Verzicht auf „luxuria".

Und selbst als es zu einem handfesten, brachialen Ehekrach zwischen beiden kommt, ist Fortunatas Wortwahl zwar nicht die feine römische Art. Doch das Recht von Sitte und Anstand hat sie durchaus auf ihrer Seite, wenn sie als Hüterin der öffentlichen Moral gegen die ungenierte Päderastie eines Lustmolchs Gift und Galle spuckt.

So bleibt ein bizarres Bild, das unter der grellen Schminke einer Kurtisane die natürlichen Farben einer bodenständigen Haus- und Ehefrau hervorschimmern lässt. So inhomogen und asymmetrisch (was man im Falle Fortunatas auch mit „schräg" übersetzen kann), wie wenn in „Gods own country" Puritanismus und Prüderie aus der nostalgischen Vergangenheit eine Symbiose versucht mit der legeren Moral der Hollywoodgegenwart – ein Touch von Bigotterie ist dabei unvermeidlich.

## III. Was bleibt:
## Latein und die Folgeschäden

# 1. Das römische Recht:
## „Alberne Wortklaubereien" (Cicero)

„Römisch Recht, gedenk ich deiner, liegt's wie Alpdruck auf dem Herzen, liegt's wie Mühlstein mir im Magen ... wie sie einst auf röm'schem Forum kläffend miteinander zankten, wie Herr Gaius dies behauptet und Herr Ulpianus jenes ..." Durch solch respektlosen Umgang mit der heiligsten Hinterlassenschaft Roms hatte sich der Dichter des „Trompeter von Säckingen" und des „Ekkehard" tief in die Herzen der NS-Ideologie eingebrannt. Victor von Scheffel (1826 – 1886), in dem „deutsches Wesen seinen ureigensten Ausdruck fand", wurde „wegen seiner deutschen Art ... vom ganzen deutschen Volk bewundert" (Dissert. 1944, zit. nach M. Fuhrmann, Scheffels Erzählwerk S. 140)

Zu „kläffenden" Zankaffen werden in dessen antirömischer Deutschtümelei die großen Juristen und Väter des corpus iuris wie Gaius, der mit seinen 4-bändigen „institutiones" daran maßgeblichen Anteil hatte, oder dem 228 ermordeten Ulpian; letzterer hat zu den Digesten, dem wichtigsten Teil des Corpus iuris und der Grundlage unseres heutigen BGB, alleine ca. ¼ aller gesammelten Rechtsgutachten beigetragen. Die kaiserliche Majestät müsse „nicht allein mit Waffen geschmückt, sondern auch mit Gesetzen bestückt sein", hatte der große Restaurator sein Monumentalwerk begründet. Diesen, den Kaiser Justinian selbst (527 – 565), trifft die volle Breitseite von Scheffels Attacke: „... wie dann Spätre drein gepfuschet, bis der Kaiser Justinianus, er der Pfuscher allergrößter, alle mit einem Fußtritt heimschickt ... Sind verdammt wir immerdar, den großen Knochen zu benagen, den als Abfall ihres Mahls uns die Römer hingeworfen? Soll nicht auch der deutschen Erde eignen Rechtes Blum entsprossen ...?" Die für uns so fundamentale Rezeption des römischen Rechts nur ein „Benagen von Knochen" aus römischem Abfall und das Corpus iuris nichts weiter als Pfusch: Hinter diesem Pamphlet steht im Klartext Hitlers vollmundig proklamiertes Programm vom 24.2.1920, in dem „Ersatz gefordert wird für das der materialistischen Weltordnung dienende römische Recht durch ein deutsches Gemeinrecht." (Fuhrmann, Scheffel ... S. 154)

Von der linken, quasi ideologischen Gegenseite dagegen kommt Respekt für „das erste Weltrecht einer warenproduzierenden Gesellschaft." (Friedrich Engels) Und auch Karl Marx wusste die Pionierleistung der römischen Juristen zu würdigen: „Die Römer haben eigentlich erst das Recht des Privateigentums, das abstrakte Recht ... das Recht der abstrakten Person ausgebildet." Schließlich gehörte Marx, der Sohn eines Justizrats, zu den zahllosen Studenten, die an den juristischen Fakultäten emsig römische Knochen abnagten. „Ius, ius et nihil plus!" Nur Recht und nichts weiter als Recht hätten die Studenten im Kopf, klagte um 1700 Christoph Cellarius, Professor in Halle. (zit. nach Stroh, Latein ist tot, S. 244) Das Jurastudium – und das heißt bis zur Einführung des deutschen BGB am 1.1.1900 de facto das römische Recht – war „in" und die Namenliste der Jurastudenten zeigt ein „who is who": Große Dichter wie Goethe, Eichendorff und Kleist, Soziologen wie Max Weber, Politiker wie Bismarck und Adenauer; und selbst der oft nur als Schürzenjäger verkannte Casanova war promovierter Jurist, doctor utriusque iuris. Auch für Martin Luther war eine juristische Karriere vorgesehen; der ehrgeizige Vater hatte ihm für dessen Jurastudium eine teure Ausgabe des ius civile mit auf den Weg gegeben – dem Herzstück aus dem corpus iuris, einem „der 12 wichtigsten Büchern der Welt … und nach der Bibel die wichtigste Klammer, welche Europa mit der Antike verbindet." (Fuhrmann, Rom in der Spätantike, S. 329) Der undankbare Filius bricht jedoch nach 5 Jahren sein Studium in Erfurt ab, wechselt die Fachrichtung und zieht sich hinter Klostermauern zurück, weil er sich für ein anderes Buch entschieden hatte: Eines, das gänzlich ohne Titel auskommt und schlicht nur „das Buch" (ho biblos) genannt werden will.

Doch geht man ad fontes, zu den archaischen Quellen des römischen Rechts, hat der Laie es schwer, dieses Faszinosum zu verstehen. So begegnet man im legendären 12-Tafel-Gesetz, dem Maß aller Dinge und in den Schulen auswendig zu lernende Pflichtlektüre, makabren Bestimmungen über die Schuldknechtschaft: „Der Gläubiger darf den Schuldner 60 Tage gefangen halten, ihn mit Stricken oder Fußfesseln anketten und ihn an 3 Markttagen zum Verkauf anbieten. Danach können die Gläubiger ihn in Stücke schneiden. Wenn jemand für sich zu viel abgeschnitten hat, gilt dies nicht als Betrug … partis secanto. Si plus minusve secuerint, s(in) e fraude esto." (3,6) Vieldiskutierte, dunkle Passagen, die zu verzweifelten Deutungsversuchen symbolischer Art herausfordern oder auch im Sinne der „Aufteilung des Leichnams des getöteten Häftlings" interpretiert werden. (M. Kaser, röm. Privatrecht § 81 III,1) Mit dem „secare" ein „Sezieren" von Toten gleichzusetzen, wäre allerdings schon recht nahe an einer Legitimierung von Leichenschändung.

Das 12-Tafel-Gesetz gilt als „Codex der Bauern" in einer archaischen Agrargesellschaft (s. Bretone, Geschichte des röm. Rechts, S. 78 ff). Der „Primitivismus" ihrer Strafen zeigt sich im Talion, dem alttestamentarischen Auge um Auge, Zahn um Zahn. Nach demselben Prinzip der Vergeltung mit gleichen Mitteln wurde auch bestraft, wer die Ernte eines anderen in Brand gesteckt hatte: Der Täter wurde ausgepeitscht und dann – Feuer um Feuer – lebendig verbrannt. (8, 10) Ebenso bei Körperverletzungen: „Si membrum rupsit, ni cum eo pacit, t a l i o esto – Wer einem anderen einen Knochen gebrochen, dem soll, wenn er ihm keine Buße zahlt, dasselbe geschehen." (8, 2) Besonders befremdlich, dass dies nur für Freigeborene gilt. Mord und Totschlag an einem Sklaven dagegen zählt juristisch nur als „Sachbeschädigung", die nach der lex Aquilia von 286 v. Chr. in dieselbe Kategorie fällt wie die Tötung von Vieh. Der Geschädigte war dabei keineswegs der Sklave, sondern dessen Besitzer, der Schadensersatzerforderungen stellen konnte; maßgeblich war dabei der Höchstwert des Sklaven aus dem Vorjahr. (M. Kaser, röm. Privatrecht § 51, II) Leer konnte der „Sklavenhalter" aber ausgehen, wenn keine „iniuria" vorlag: Wir kennen den tragischen Fall, wo einem Sklaven die Kehle vom Rasiermesser eines Barbiers durchgeschnitten wird, weil dessen Hand von einem Ball spielender Kinder getroffen wird.

Geradezu ad absurdum geführt wird römisches Recht aber in einem Fall, der in Schultexten (Klettverlag) unter dem kuriosen Titel „Ohrfeigen gegen Barzahlung" geboten wird: „L. Veratius war ein besonders brutaler, von Gewaltätigkeit besessener Typ. Für diesen war es die größte Freude, einem freien Bürger mitten ins Gesicht zu schlagen. Daher war er stets begleitet von einem Sklaven, der eine Tasche voller Münzen trug. Denn sobald er jemanden geohrfeigt hatte, ließ er ihm sofort die in den 12-Tafeln festgesetzte Geldstrafe von 25 As bar ausbezahlen ... secundum duodecim tabulas numerari statim iubebat ..." (Gellius, 20,1)

Die Prätoren hätten daher dieses Gesetz später aufgehoben (sustulerunt). Für Cicero ein Beweis für die Lebendigkeit des römischen Rechts: Oft seien „alte Gesetze entweder an Altersschwäche gestorben oder durch neue ersetzt worden ... veteres leges aut ipsas vetustate consenuisse aut novis legibus sublatas" (De oratore 1, 247) Um den archaischen Formalismus zu modernisieren und den aktuellen Bedürfnissen anzupassen, wurden die 12 Tafel-Gesetze immer wieder „im technisch-juristischen Sinne des Wortes neu interpretiert „(Bretone, S. 50) – so in der 3-teiligen „Tripertita" von Sextus Aelius, befreundet mit Scipio Africanus, oder von Sulpicius Rufus, einem Freund Ciceros. Die älteste römische Rechtskodifikation zwischen Reverenz vor ehrwürdiger Tradition einerseits und der Kritik historischer Distanz andererseits: In diesem Spagat krümmt sich Cicero selbst, wenn er die Texte der 12 Tafeln für eine „unabdingbare Pflichtlektüre" hält, aber bei der Rezitation dieses „carmen necessarium" auf eine „feierliche Komik" zielt.

Bei bestehenden Gesetzen „voll von Misstrauen" (Bretone, S. 129 ff), bei der Schöpfung neuer Gesetze zurückhaltend: „Das Volk des Rechts" war bekanntlich kein Volk der Gesetze. Nicht die Volksversammlung oder Senat, die klassischen Institutionen der Legislative, waren die

Stätten, in denen die Zukunft des Rechts gestaltet wurde. Die Orte, wo das Recht weiter entwickelt wurde, waren nicht Kurie oder Comitien, sondern das private Domizil der Rechtsgelehrten, das dadurch zu einer Art „Orakelstätte für die ganze Bürgerschaft" wurde: „Domus iuris consulti oraculum totius civitatis" zitiert Cicero (De oratore 1, 200) den großen Redner L. Crassus. Derselbe erinnert daran, dass bei den Griechen diese Juristen als „pragmatikoi" (ibd. 198) galten. Solche Pragmatiker sind es auch, die nun mit der praxisorientierten Arbeit an Fallstudien, der sogenannten Kasuistik, zu den Motoren werden, die „in rechtsschöpferischer Arbeit Roms Aufstieg vom Bauernstädtchen zur Welthandelsmetropole begleiteten" ... Dass man gerade dort den vollkommenen Ausdruck einer rationalen Kunst der Rechtsfindung vor sich zu haben vermeinte" (Fuhrmann, Europas Fundamente, S. 112 ff) gilt als historisches Verdienst dieser römischen iuris consulti: „Eine Zunft von Spezialisten, die sich nicht damit begnügten, bestehende Gesetze anzuwenden, sondern selbst rechtsschöpferisch tätig wurden ... und so gleichsam als Gesetzgeber und Richter in einem fungierten."

Doch gerade diese Seele des Rechtslebens trifft bereits zu Lebzeiten vernichtende Kritik, weit heftiger als Victor von Scheffels postumes Herummäkeln am corpus iuris: Nichts anderes als Quacksalber und Scharlatane seien diese Rechtsverdreher, aufgeblasene Hochstapler voll von Arroganz und Ignoranz. Ihre Juristerei nur Volksverdummung und mystischer Hokuspokus – keine wahre Wissenschaft, sondern nur lächerliche Wortklaubereien, die jeder Idiot in einem Schnellkurs von 3 Tagen lernen könne ...

Man müsste solch kübelweisen, undifferenzierten Mist nicht für ernst nehmen, käme er nicht vom Altmeister selbst, dem Vater des Vaterlandes und der forensischen Rhetorik – kurz dem größten Gerichtsredner Roms: M. Tullius Cicero. Als der amtierende Konsul 63 v. Chr. seinen designierten Nachfolger Murena gegen Korruption verteidigt, hat er es auf der Gegenseite mit dem namhaften Juristen Sulpicius zu tun. Für den Meister der rhetorischen Diffamierungskunst Grund genug, die gesamte Branche der Juristen über die Klinge springen zu lassen. In seiner „Invektive" lässt er kein gutes Haar am Berufsbild des Advokaten: „Weil du die Rechtswissenschaft wie deine kleine Tochter mit Küssen verhätschelst (osculari), kann ich nicht zulassen, dass du in dem Irrtum verbleibst, dieses eifrig Gelernte undefinierbare Etwas für großartig zu halten ... scientiam iuris praeclarum aliquid arbitrere ..." (pro Murena 23) Das Jurastudium sei als Sprungbrett für eine erfolgreiche Karriere völlig ungeeignet, da in diesem „Handwerk" (artificio) keine Qualifikationen vermittelt werden und eine solche „Schmalspurwissenschaft" (tenui scientia) nur aus banalen Haarspaltereien bestehe ... res parvae in singulis litteris ac interpunctionibus." (25) Weil sie alleine den Kalender der Gerichtstage (dies fasti) kannten, hätten die Rechtskundigen früher ein Machtmonopol (magna potentia) besesssen und seien „wie Astrologen" (tamquam Chaldaei) verehrt worden. Nachdem aber deren „Geheimnisse" (mysteria) verraten wurden, sei diese Pseudo-Wissenschaft entlarvt und nur noch Gegenstand tiefster Verachtung (contemptum).

Die Rechtswissenschaft – ein exklusiver Mysterienkult, nur für Insider verständlich: Aus dem „ius civile", dem bürgerlichen Recht, wurde nach 1900 unser heutiges „Bürgerliches Gesetzbuch", vor dessen Gebrauch die Herausgeber Warnhinweise an den Leser geben: „Die Sprache ist antiquiert, die Sätze sind kompliziert und die Begriffe abstrakt. Der Laie hat Schwierigkeiten, das Gemeinte zu verstehen ... Das BGB spricht nicht zum Bürger, sondern zum Juristen; es ist von Juristen für Juristen gemacht." (BGB – Ausgabe 2011, hrsg. von H. Köhler, dtv S. 13)

Um seine bürgerlichen Rechte nach dem ius civile zu verstehen, benötigt damals wie heute der sog. mündige bzw. entmündigte Bürger diese „Zunft von Experten" – ähnlich wie der „gläserne Bürger" auf den Durchblick der Zunft von Steuerexperten angewiesen ist, wenn er vor den abgedunkelten Scheiben des Fiscus steht. Noch nachhaltiger aber sind die tradierten Spuren des römischen Rechts in dem Formalismus präsent, in dem das antike Formularverfahren vor dem Prätor fortlebt:

„Ut ipsi interessent ... um ihre eigenen Interessen in allen Angelegenheiten weiterhin durchsetzen zu können" (25) – unterstellt Cicero weiter – hätten sie Formeln und vorgefertigte Schablonen der Prozessführung erfunden – die schriftlich fixierten „Legis actiones", später ersetzt durch mündlich vorgetragene „formulae". Um diesen formelhaften Schematismus als „lächerlich" (ridicula) und „mit lauter Albernheiten aufgeputzt" (ineptiis fucata) bloßzustellen, führt er die Persiflage eines Rechtsstreits vor: Eine theaterreife Szene mit schlechten Schauspielern, die ihren Text und ihre Rolle selbst nicht recht verstehen und traumtänzerisch „wie Flötenspieler" (tibicinis modo) durch die fiktive Szenerie stolpern. Seit die Rechtskunde kein Geheimkult mehr, sondern allgemein publik (pervolgata) und transparent jedermann vor Augen liege, sei klar: Diese sogenannte Wissenschaft ist „frei von jeglicher Klugheit, aber voll von Dummheit und Betrug ... fraudis et stultitiae plenissma." Die römischen Gesetze seien „verdorben und verfälscht worden durch die Tricksereien der Juristen ... corrupta ac depravata ingeniis consultorum ... „(26 ff) Dabei macht er sich lustig über Wortklaubereien, die darum streiten, ob man „übermorgen" oder „am 3. Tag", „Richter oder „Schiedsmann" formulieren muss. Doch als er zu „Gaia" kommt, dem stereotypen Musternamen der römischen Braut, ist es nicht mehr so lustig und harmlos: Damit eine „Gaia" sich von der lästigen und teuren Verpflichtung des Ahnenkults frei kaufen konnte, hätten die so erfindungsreichen (tam ingeniosos) Gelehrten das Modell eines ehelichen Kaufvertrags erfunden und so mit ihrem innovativem Genie (ingenio) den Schacher mit Ehefrauen legitimiert: „Horum ingenio senes ad coemptiones faciendas ..." Was in der Fuhrmann-Ausgabe von Ciceros Reden im Klartext übersetzt wird mit: „Ihre Erfindungsgabe brachte die mit Greisen geschlossenen Scheinehen auf." (Ciceros Reden, Bd. II) Die Vorteile einer solchen formaljuristischen Zweckehe wird Cicero später selbst nutzen, wenn er als 60-jähriger „Greis" den 14-jährigen Teenager Publilia in die Ehe führt. Hier war das Motiv jedoch ein anderes: Frisch geschieden von seiner Terentia und daher in akuter Finanznot, hatte sich der Greis in das liebreizende Vermögen der jungen Braut (800 000 Sest.) unsterblich verliebt.

Die Rechtskundigen als gescheiterte Redner wie Flötenspieler, die es nicht zum Gitarristen (citharoedi fieri non potuerunt) gebracht hätten, oder das Jurastudium eine Sache von nur 3 Tagen (triduo) – all das wird dem Witz des geistreichen Konsuls verziehen. „Was für einen witzigen Konsul haben wir doch „(Plutarch, Cato, 21) soll selbst sein Gegner, der so sonst so humorlose Cato, nach der Rede anerkannt haben. Und die Polemik gegen die Rechtskunde in toto ist prozesstaktischen Umständen zu verdanken. Da Cicero mit dem Gegner Sulpicius in langer Freundschaft verbunden war, mied er persönliche Attacken und nahm stattdessen die Disziplin ins Visier, welche dieser quasi personifizierte. Sein „taktisch bedingter Spott über die Jurisprudenz ... trennt die Wissenschaft von der Person ..." (J. Adamietz, Ciceros pro Murena, S. 8)

Trotzdem trifft er mit seiner Kritik an „eurem Formelkram – vestris formulis" (29) den wunden Punkt des römischen Rechts. Der nervus rerum war schlicht das Problem, Recht und Gerechtigkeit, Geist und Buchstaben des Rechts miteinander in Einklang zu bringen: „In omni iure civili aequitatem reliquerunt, verba ipsa tenuerunt ... Sie opferten die Gerechtigkeit und klebten am bloßen Wortlaut." (27) Dass ius und iustitia nicht per se kongruent sind, im Extremfall sogar – nach Terenz (heaut. 795) „summum ius, summa malitia" – formales Recht zu höchster Bosheit führen kann, ist eine ebenso alte wie bittere Erkenntnis. Pointiert zugespitzt zu dem Paradoxon „summum ius, summa iniuria" schon zu Ciceros Zeit bekannt als „abgedroschenes Sprichwort – proverbium sermone tritum" (De off. I, 33). Die Spannung zwischen Ethos und Formalismus wird der Geschichte des römischen Rechts wie ein Klotz am Bein hängen – ein Konflikt, an dem Michael Kohlhaas, Kleists tragischer Rechtsfanatiker, zerbrechen wird. Hier werde

Recht gesprochen, nicht Gerechtigkeit, kann man noch in heutigen Gerichtssälen zu hören bekommen – eine Diskrepanz, die spaltet: Als bei einer württembergischen Stadt am Neckar nachts ein Lager von einer bulgarischen Bande überfallen wird, ist die Polizei fix zur Stelle und kann die Einbrecher auf frischer Tat dingfest machen. Tags darauf große Empörung – alle Täter sind wieder frei. Die Begründung der Justizbehörden, es liege ja nur eine versuchte, keine vollendete Straftat vor und zudem hätten die Täter einen festen Wohnsitz – in Bulgarien (!) – nachgewiesen, kann das Rechtsempfinden der Volksseele nicht überzeugen. Auch nicht, als ein Richter in der aufgeregten Lokalpresse das Vorgehen als „völlig korrekt" verteidigt: Genauso sei – ohne den Zusatz leider – unser Rechtssystem. Der römische praetor peregrinus, zuständig für Ausländerkriminalität, hätte nicht besser argumentieren können.

Wenn römischer Formalismus in abstraktem Latein auf deutschen Perfektionismus trifft, kann dabei eine brisante Mixtur entstehen. Die Rezeption des römischen Rechtssubstrats auf „germanischem" Boden war stets von Misstrauen begleitet, wobei „die Abneigung des Volkes gegen das römische Recht" sich gegen deren „Doktoren" personalisierte. (Planitz, Deutsche Rechtsgeschichte, S. 256) Das Klischeebild des Juristen ist bereits bei Cicero vorgefertigt in einer Schablone, die er den Gegnern der Rechtskunde in den Mund legt: „Der Rechtskundige ist selbst und von sich aus nichts weiter als ein misstrauischer, aberwitziger Paragraphenreiter, der Prozesse verkündet, Formelkram herunterleiert und sich in spitzfindigen Wortklaubereien ergeht ... cautus et acutus, praeco actionum, cantor formularum, auceps syllabarum ..." (De oratore 1, 236) Im christlichen Mittelalter wurde daraus der Reimvers „Juristen – böse Christen."

Für den „aristokratischen Beruf" des konsultierten Ratgebers, des iuris consultus, war „in der Praxis des Respondierens die auctoritas wichtiger als das Talent." (Bretone, S. 116) Um dessen antike „auctoritas" zu kompensieren und durch den Habitus von Autorität optisch aufzupeppen, wurde die schwarze Amtsrobe eingeführt, welche den Amtsträger von der Person abheben sollte. Als der amtliche Talar in Preußen verordnet wurde, hatte König Friedrich Wilhelm die neue Kleiderordnung süffisant kommentiert mit: „Damit man diese Spitzbuben von weitem erkennt."

Dabei hatte doch noch Kaiser Justinian Recht und Gerechtigkeit so erhaben definiert, als verkünde er wie ein Moses die 10 Gebote vom Berg Sinai: „Die Gerechtigkeit ist der feste und beständige Wille, einem jedem sein persönliches Recht zu geben. Daher besteht die Jurisprudenz aus der Kenntnis aller göttlichen und menschlichen Dinge ... Iustitia est constans et perpetua voluntas ius suum tribuens ..." (Institutiones I, 1) Und die Conclusio hieraus liest sich so einfach und klar wie die Worte der Bergpredigt: „Iuris praecepta sunt haec: Honeste vivere, alterum non laedere, suum cuique tribuere – Die Gebote des Rechts sind: Führe ehrenhaften Lebenswandel, füge deinem Nächsten keinen Schaden zu und achte darauf, jedem das Seine zu geben."

Die Akzeptanz des römischen Rechts läge vielleicht höher, wenn diese abgehobenen „Spitzbuben" tiefer vom Evangelium der Jurisprudenz beseelt und vom Geist ihres Sendungsbewusstseins durchdrungen gewesen wären.

## 2. Sprach-Snobismus: Abgehobenes Latein – Eine Sprache, die spaltet

„Nullo tempore magis a studiis optimarum artium Romani abhorruere quam aetate ante bella Punica – eruditione minime aestimata, c u m  in agriculturam summi illarum aetatum homines praecipue studium operamque collocarent –, eloquentia supervacua, c u m paucis verbis de rebus agendis dicerent neque orationis elegantiam, sed sententiarum vim peterent –, historia vero eloquentiae non egente, c u m  res gestas tantum referret solumque in Annalium confectione consisteret."

Kein Satz, sondern ein Kunstwerk. Komponiert aus 61 Einzelelementen, die auf parallel laufenden Bahnen in 3 Schritten sich zu einer syntaktischen Harmonie verbinden. Und Gegensätze wie die Spannung zwischen der „Eleganz der Rhetorik" und der „Wucht der Aussagen" werden stilistisch ausbalanciert zu „orationis elegantiam" einerseits und „sententiarum vim" andererseits: Chiasmus und Antithese, Trikolon und Parallelismus – kurz, mustergültig vorgeführt ist alles, was das Arsenal der Rhetorik zu bieten hat und das Herz stilistischer Ästhetik erfreut. So etwas adäquat zu übertragen ist nicht möglich, es klänge allenfalls so dürftig wie:

„Zu keiner Zeit verabscheuten die Römer Kunst und Wissenschaften tiefer als in der Epoche vor den punischen Kriegen – a l s Bildung äußerst gering geachtet war, w e i l  die führenden Männer ihrer Zeit all ihr Sinnen und Streben auf die Landwirtschaft fokussierten, a l s  die rhetorischen Künste überflüssig waren, w e i l  sie imstande waren, in wenigen Worten komprimiert über die politische Agenda zu sprechen und es ihnen dabei nicht um sprachliche Finesse, sondern um Klartext ging, a l s die Geschichtsschreibung keine Eloquenz benötigte, w e i l sie nur Fakten referierte und sich ausschließlich auf das Zusammenstellen von Jahresberichten beschränkte."

Wird dieses Satzungetüm als Blindprobe vorgelegt, kommen selbst erfahrene Altphilologen beim Rätseln über den Autor ins Schwitzen. Von dem geschwollenen Satzbau mit der ebenmäßigen Syntax führt eine heiße Spur zu Cicero und von der Idee, die punischen Kriege als Zäsur oder „Zeitenwende" anzusetzen, zu dem Nostalgiker Sallust, dem „Lobredner vergangener Zeiten" (laudator acti temporis). Beide Spuren erweisen sich als Holzweg. Kein Römer, sondern ein Deutscher, kein Altphilologe, sondern ein 17 – jähriger Gymnasiast, der später als sprachgewandter Verfasser des Kommunistischen Manifests neben Luther und Goethe zu den 3 weltweit bekanntesten Deutschen gehören wird: Sein am Lateinischen geschultes Sprachtalent hatte Karl Marx bereits 1835 in seinem lateinischen Abitur-Aufsatz am damals preußischen Gymnasium in Trier unter Beweis gestellt. Er zeigt das typische, dem Lateiner innewohnende Gen, das Sprache als System von Formen um ihrer selbst willen konsequent und obsessiv durchhechelt. Der Drang zu gehobenem Stil und abgehobener Sprache, die ihn später von seiner Basis, den Genossen aus der Arbeiterschicht, entfremden wird, wirft hier schon ihre lateinischen Schatten(seiten) voraus. Die narzisstische Lust an extravaganten Wortkreationen wird später dazukommen. Das Gymnasium an der Porta Nigra attestiert dem begabten Abiturienten zwar „in linguistischer Hinsicht Streben nach echter Latinität" (Latinitatis studium), bemängelt aber zugleich, dass sein Aufsatz „häufig mit Ungehörigem überladen" sei – „das Kapital" lässt grüßen. Wird die Sucht nach sprachlicher Hypertrophie chronisch, so bleiben die Wahrheiten aus Abiturzeugnissen als lebenslange Begleiter erhalten. Mit dem Geistesgut der Antike, namentlich der Philosophie, bleibt der Student weiterhin in enger Verbindung und Dr. Marx wird 5 Jahre später in seiner Dissertation über „die Differenz der demokritischen und epikureischen Naturphilosophie" philosophieren. Seine „Sympathie" für den „entschiedenen Materialismus und Atheismus von Demokrit und Epikur" (Iring Fetscher, Karl Marx und die Antike, S. 84) wird in seinem Denken als „Besitz für immer" (ktema eis aei) haften bleiben. Beim Tod seiner Kinder sucht er (vergeblich) Trost in „de rerum natura" des Epikureers Lucrez und in Fragen der sozialen Ethik bewundert er zeitlebens Aristoteles. Er ringt sich – Sklavenhaltergesellschaft hin oder her – den Respekt vor der „höheren Humanitas der Antike" ab, deren „Faszination er sich nicht ganz entziehen kann" (Fetscher, S. 74). Es gibt kaum einen antiken Klassiker, der in seiner privaten Bibliothek fehlt – sogar das griechische Neue Testament soll dabei gewesen sein.

Wer in der antiken Geisteswelt der Vergangenheit sein Zuhause hat und – nach Petrons „litteris inquinatus" (Sat. 15,4) – altphilologisch „versaut" ist, dem kann die Umstellung auf die Sprachebene von Zeitgenossen aus dem einfachen Volk Probleme bereiten. Über den Texten einer „toten Sprache" zu brüten, um diese verzweifelt wieder zum Leben zu erwecken, fördert eher introvertierte als kommunikative Kompetenzen. Und um „die Eigentümlichkeiten der lateinischen Sprache" (Abiturzeugnis

Gymnasium Trier) adäquat wiederzugeben, war – nach den geltenden preußischen Lehrplänen – eine ebenso abgehobene deutsche Sprache nötig. Schließlich waren die klassischen Schriften von Cäsar und Cicero vom Humanismus zur Norm erhoben worden und von deren Muster abzuweichen, wurde bei Lateinschülern mit dem Rotstift geahndet. Die Alltagssprache der Römer, wie wir sie aus den Komödien eines Plautus und Terenz kennen, war obsolet. Ausgeblendet blieb auch, dass selbst ein Cicero in seinen privaten Briefen ein ganz anderes Latein schrieb, nämlich so, wie ihm der Schnabel gewachsen war. – Es wäre so, wie wenn Migranten in Deutschkursen Goethe, Schiller und Kant in die Hände gedrückt würden und als gängiges Regelwerk der deutschen Sprache verkauft würden. Die Analysen der modernen Soziolinguistik über die semantischen und syntaktischen Eigenheiten der typischen Arbeitersprache konnte Marx noch nicht kennen. Insbesondere nicht die Unterscheidung zwischen dem „restringierten Code" des einfachen Mannes mit dem simplen, parataktischen Satzbau und dem „elaborierten Code" der abgehobenen Schicht mit der differenzierten Semantik und den hypotaktischen Schachtelsätzen. Die Soziolekte der Arbeiterschicht hätten ihm aber auch aus zeitgenössischen Sozialdramen, beispielsweise von Gerhart Hauptmann oder Georg Büchner, bekannt sein müssen. Bekannt hätte dem Freund der Antike auch das schichtenspezifische Latein Petrons sein können, in dessen „cena Trimalchionis" Lumpenhändler, Leichenbestatter und Ex-Sklaven diesen „restringierten Code", in Plattitüden sich überbietend, vorführen.

Ein Volkstribun, welcher nicht die Sprache des Volkes, sondern der verhassten Bourgeoisie spricht und dem

Stil des Aristokraten Cicero nacheifert, der bekanntlich für die verachtete plebs nichts übrig hatte, verliert an Glaubwürdigkeit und steht in Gefahr, qua Sprache zum Verräter an der eigenen Sache zu werden. Oder in Marxens Gedankengängen: Nicht nur die Arbeit kann zur „Selbstentfremdung" führen, sondern auch eine elitär verfremdete Sprache.

Was Latein macht, ist eine Frage des Charakters: Es kann ebenso Brücken bauen und integrieren wie beim Errichten von Sprachzäunen als „ein nützlicher Idiot" ungewollte Hilfestellung leisten. Gerät es in die Hände eines zum intellektuellen Snobismus neigenden Revolutionärs, der über Klassenfeinde „mit giftiger Tinte schreibt ... und Andersdenkende mit geradezu ausspuckender Verachtung" (Golo Mann über Karl Marx) behandelt, so wird es zum polarisierenden Instrument elitärer Bildungsarroganz – zu einem Spaltpilz, der Gräben vertieft. Geschult in „abstrakten Definitionen und verwickelten Denkgebäuden" (S. Fischer, Herrliche Zeiten, S. 119) war der Anwalt des Proletariats bei seiner Klientel niemals angekommen. Seine Kommunikation mit der Arbeiterschicht blieb ein Fiasko und wurde zum Treppenwitz der Sozialgeschichte: Marxist sei nur ein Mensch, der Marx nie gelesen habe, und die Arbeiterbewegung habe sich nicht mit Marx, sondern  t r o t z  Marx entwickelt.

Doch auch in der höchsten Instanz des orbis christianus hat(te) man Probleme bei dem richtigen Umgang mit der römischen Weltsprache. Für den „Stellvertreter" Gottes auf Erden ist Latein nach wie vor die offizielle Amtssprache. Die heute aber auf dem Stuhl des Fischers Petrus sitzen, sprechen nicht mehr die schnörkellose „Fischersprache", den bei Intellektuellen verpönten, aber allgemein verständlichen sermo piscatorius, der die Bibel zum weltweiten, ewigen Bestseller gemacht hatte. Der sozialen Frage, die Karl Marx umtreibt, nimmt sich insbesondere auch Papst Leo XIII. engagiert an. Doch so wie „das Kapital" nur für hart gesottene Insider lesbar ist, hat auch das künstliche Neolatein der Enzyklika „Rerum novarum" von 1891 einen auserlesenen, begrenzten Kreis von sogenannten „intentionalen Adressaten" im Visier: „Ista ad divites spectant ac dominos: non habendos mancipiorum loco opifices, vereri in eis aequam esse d i g n i t a t e m   p e r s o n a e, utique nobilitatam ab eo, qui character christianus dicitur.  Q u a e s t u o s a s   a r t e s,  si naturae ratio, si christiana philosophia audiatur, non pudori homini esse, sed decori ... Illud vero turpe et inhumanum, abuti homines pro rebus ad quaestum." Folgendes sei den reichen Herrschaften gesagt: Sie sollen Arbeiter nicht als Sklaven halten, sondern in ihnen die Würde des Menschen, die geadelt ist durch christlichen Charakter, respektieren. Wenn christliche Natur und ihre Philosophie noch etwaszählen wollen, darf die zum Lebensunterhalt notwendige Arbeit keine Schande, sondern allein Ehre einbringen. Eine Schande und unmenschlich ist es vielmehr, Menschen als Werkzeuge für Profit zu instrumentalisieren.

Wenn unsere grundgesetzlich geschützte „Würde des Menschen" (dignitas personae) so vehement verteidigt wird, kann darüber hinweggesehen werden, dass „persona" im klassischen Latein eben nicht Person in heutigem Sinn bedeutet. Es steht nicht für das Individuum, sondern dessen Status und Rolle in der Gesellschaft. Weit mehr aber könnte der Euphemismus irritieren, mit dem harte Arbeit zu „einträglichen Künsten" (artes quaestuosas) stilisiert wird. Schweißtreibende Plackerei pflegte man in der Tradition der römischen Agrargesellschaft mit „labor et industria" zu bezeichnen, während „Künste" wie die artes liberales eher mit geistigen Tätigkeiten assoziiert wurden. Dasselbe gilt auch für „opifex", der kunstvolle Handarbeit kreativ gestaltete so wie Daedalus, der Pionier des Flugzeugbaus, von Ovid bezeichnet als „opifex" – Konstrukteur, Architekt oder Meister. (Metam. 8, 201) – Mit der dumpfen Arbeitswelt der industriellen Fabriksklaven (mancipia) hat solch ein Künstler nichts zu tun.

Statt Kritik an „Seiner Heiligkeit" – sie hat früher schon so manchen Kopf gekostet – sei verwiesen auf die Stimme eines renommierten Latinisten, der die Sprache der päpstlichen Enzykliken generell als „schreckliches Latein" wertet. (Stroh, Latein ist tot ..., S. 299) Vom eleganten, klassischen Stil des jungen Karl Marx ist es ebenso weit weg wie von der einfachen Klarheit der Vulgata und gewinnt nur dort, wo es Anleihen daraus nimmt: „Siehe, der Lohn der Arbeiter, um den ihr sie betrogen habt, schreit laut und dieses G e s c h r e i  d r a n g zum Himmel empor ... Ecce merces operariorum, quae fraudata est vobis, c l a m a t e t c l a m o r ..." zitiert der Papst aus dem Jacobusbrief (Jac. 5,4). So findet er zu dem passenden „operarius", das der griechischen Vorlage „ergates" (der Energie in sein Ergon = opus investiert) näher kommt. Und zugleich wird mit der Leihgabe aus der anschaulichen Bibelsprache der trockene Duktus des päpstlichen Lateins mit einer belebenden personificatio aufgefrischt: Nicht die Arbeiter sind es, die für leistungsgerechte Entlohnung demonstrieren, sondern die Tariflöhne selbst schreien und lärmen mit Trillerpfeifen – eine originelle Idee, auf die bislang selbst findige Gewerkschaftsbosse noch nicht gekommen sind. Die Sprache der Bibel ist eben oft ihrer Zeit weit voraus.

Zum 40. Jahrestag von „Rerum novarum" wird 1931 das Thema der sozialen Frage in der Enzyklika „Quadragesimo anno" erneut aufgegriffen von Papst Pius XI – demselben, der 1929 im Lateranpakt mit Mussolini Staat und Kirche „versöhnte" (Conciliazione). „Cito reformanda ... eine rasche Reform" sei vonnöten, um den sozialen Frieden zu schützen vor „Revolutionären, die zum Umsturz aufhetzen" (novarum rerum concitatores). Karl Marx und sein kommunistisches „Gespenst", das seit 1848 in Europa umherging, war noch nicht vergessen. Auch Pius XI scheint vom Latein der Vulgata zu profitieren: Während die große Masse der Arbeiter hier zunächst „ingentem multitudinem opificum" heißt, besinnt er sich da, wo es um deren Lohn geht, auf das Jakobuszitat und wechselt zu „merces o p e r a r i o suppeditanda est – jeder Arbeiter ist seines Lohnes wert." Das nachfolgende „ut videre est = wie zu sehen ist" (!) ist allerdings ein Fauxpas, der jedem Pennäler einen Rüffel in dickem Rotstift eingetragen hätte.

„So beschloss ich, meine Aufmerksamkeit auf die Heiligen Schriften zu richten und ihre sprachliche Qualität zu überprüfen ... quales essent", berichtet Augustinus (conf. 3,5, 9) über seine ersten Annäherungsversuche voll von Skepsis und Misstrauen. Das Resultat der Rezension war ein pauschaler Verriss in Bausch und Bogen: Durchgefallen. Durchgefallen durch das Raster von Normen des ciceronischen Stils. Das Buch sei „unwürdig eines Vergleichs mit der stilistischen Eleganz des großen Tullius ... indigna, quam Tullianae dignitati compararem." Die biblische Sprache „sprengt die Stillehre der Antike, gebraucht den Stil der Unmittelbarkeit des einfachen, ungebildeten Volkes." (Auerbach, zit. nach Dormeyer, Das Neue Testament, S. 10) Und so erging es Augustinus wie dem Gros der „Gebildeten, die von der Sprache der Bibel zunächst abgeschreckt wurden ... dann aber nach intensiver Beschäftigung mit der Schrift sich ihrer sprachlichen Sogwirkung nicht mehr entziehen konnten." (Dormeyer, S. 66) Augustinus wird später sein Verdikt revidieren und dabei die Stärke des biblischen Latein auf den Punkt bringen: „Durch ihre klaren Worte und ihren einfachen Stil biete es sich jedermann an ... verbis apertissmis et humillimo genere loquendi cunctis se praebens." Kurz: Eine Lektüre für das ganze Volk – „omnibus ad legendum in promptu." (conf. 6,5,8) Die schlichte Klarheit der biblischen Epik wird später nur noch übertroffen von Augustinus selbst, der in unnachahmlicher Prägnanz die Weihnachtsgeschichte auf die Kurzfassung bringt: „Angelus nuntiat, virgo audit, credit et concipit. Fides in mente, Christus in ventre – Der Engel verkündet, die Jungfrau hört, glaubt und gebärt. Glauben im Geist, Christus im Bauch ..." (Sermo 196) Berühmt ist sein klares Bekenntnis für das Sprachverständnis des Volkes: „Es ist besser, wenn die Philologen uns kritisieren, als wenn das einfache Volk uns nicht versteht – melius reprehendant nos grammatici quam non intellegant populi." Kein Wunder also, dass der deutsche Mr. Klartext, bekannt unter dem Namen Martin Luther, von Augustin so angetan war, dass er pseudo-augustinische Schriften wie „de spiritu et anima" allein anhand des unverwechselbaren Stils von echten unterscheiden konnte.

Ein Latein also, das nicht spaltet, sondern verbindet und integriert, das zur Volkssprache getaugt hätte, wäre es nicht zur „schichtenspezifischen" Akademikersprache verkommen – zum exklusiven Schibboleth von Theologen oder anderen Minderheiten. Dabei hat Latein durchaus das Potential, Brücken zu bauen – zumal in den Händen des „Pontifex", der zum obersten „Brückenbauer" berufen ist. So hatte die im Vatikan beheimatete Stiftung „Latinitas" sich stark gemacht für Latein als neue europäische Verkehrssprache, welche das Experiment mit dem Artefakt „Esperanto" ablösen sollte. Für Latein spreche ganz einfach, dass „Etymologie und Herkunft unseres Wortschatzes überwiegend im Lateinischen verwurzelt sind – etyma seu origines verborum plerumque sunt Latina." Alle Bürger Europas müssten daher „Lateiner genannt werden", ... weil die geistige Kultur, in der wir leben, und die Sprache, die wir sprechen, lateinisch ist ... quia sermo, quem loquimur, est Latinus. (Ernestus Piacentini, Latinitas 1979, S. 8)

Die lateinische Sprache und unsere lateinische Kultur sei doch – so wird weiter geträumt – allen gemeinsam: „Sermo Latinus et cultus Latinus noster omnibus communis et internationalis ..." Es liege nun an uns, Karl den Großen „zu imitieren, der den Gebrauch der lateinischen Sprache in seinem ganzen Imperium eingeführt habe ... imitentur Carolum Magnum, qui imposuit usum linguae Latinae in toto imperio suo ..." Latein könne zu einer wahren „lingua franca", der Einheitssprache aller europäischen Bürger werden, welche sich unisono identifizieren mit: „Civis Europaeus, ideo civis Latinus – ich bin Bürger Europas, also bin ich ein lateinischer Bürger." Es war die Zeit großer Visionen und hehrer Worte, als Kennedys „civis Romanus sum" in der freien Übersetzung „ich bin ein Berliner" noch nachhallte. In einer solchen Zeit greift man nach jedem Strohhalm, auch wenn er Latein heißt.

Doch den nervus rerum des Humorkillers Latein hatte bereits Casanova auf den Punkt gebracht, als er in Sant' Angelo (bei Lodi) der Contessa Clementina, einer von ihm heiß begehrten Schönheit, mit Hilfe von Vergilversen sich zu nähern sucht. Gemeinsam erfeuen sie sich an dem supplementären 13. Gesang der Äneis, den der große Humanist Maffeo Vegio (1407 – 1458) dem vergilischen Epos hinzugedichtet hatte. Darin beklagt die verlassene Dido, dass der treulose Held vor seinem Fortgang ihr nicht wenigstens „einen kleinen Äneas geschenkt hatte, der nun zu ihrer Freude im Hof spielen würde ... si quis mihi parvulus Aeneas aula luderet." Eine Fiktion, die bei der jungen Gräfin spontane Heiterkeit auslöst, Casanova aber nachdenklich macht: „Aber wie kommt es, dass man nicht lacht, wenn man es auf lateinisch liest?" (Casanova, Memoiren S. 318)

Exakt in dieselbe Kerbe schlägt auch der große Latinist Marouzeau mit dem sensiblen Gespür für die Achillesferse des Latein: „Es ist wie eine Verhexung über dem Latein, dass alles, was von ihm stammt, das Zeichen der Langeweile und des Todes trägt: Die Freude hört auf zu lächeln, wenn sie durch „gaudium" gegangen ist ..." (41) Ob vielleicht gerade hierin die geheime Lebenskraft einer unsterblichen Sprache liegt: Die ewige Herausforderung von sterilem Todernst für das „animal risibile", das – nach Dantes Definition des Menschen – als einziges Wesen unter Gottes freiem Himmel „zum Lachen fähig" ist.

## Anmerkungen

1. Luciano de Crescenzo, Die Zeit und das Glück, S. 149
2. M. Fuhrmann, Cicero-Reden IV, S. 147
3. „Amalthea mea te exspectat et indiget tui. Tusculanum et Pompeianum valde me delectant, nisi quod me, illum ipsum vindicem aeris alieni ... sed hoc circumforaneo obruerunt." (Att. II, 1, 11)
4. „Deus, deus meus, quas ibi miserias expertus sum ... Inde in scholam datus sum, ut discerem litteras, in quibus quid utilitatis esset ignorabam miser ..." (Conf. I, 9, 14)
5. „Nulla enim verba illa noveram et saevis terroribus ac poenis, ut nossem, instabatur mihi vehementer. Nam et Latina aliquando infans utique nulla noveram et tamen advertendo didici sine ullo metu atque cruciatus inter blandimenta nutricum et ioca adridentium ... didici illa sine poenali onere urgentium ..." (Conf. I, 14, 23)
6. „... puerum Adeodatum ex me natum carnaliter de peccato meo. Tu bene feceras eum. Annorum erat XV et ingenio praeveniebat multos graves et doctos viros ... enim nutriebatur a nobis in disciplina tua ..." (Conf. IX, 6, 14)
7. „Sed plane quid velit, nescio. Quid enim illi adferre consilii possum, cum ipse egeam consilio ..."? (Ad Att. XV, 1)
8. „... et quidem habuerat turmas equitum, quibus inclusum in curia senatum Salamine obsederat, ut fame senatores quinque morerentur." (Ad Att. VI, 1, 6)

9. „Nunc cognosce de Bruto: Familiaris habet Brutus tuus quosdam creditores Salaminorum ex Cypro, M.Scaptium et P. Matinium ... Scaptius ad me in castra venit. Pollicitus ei sum curaturum me Bruticausa, ut ei Salamini pecuniam solverent. Egit gratias ..." (Ad Att. V, 21, 10)

10. „... quid enim illi prosunt, quae de morte, exsilio, paupertate scripsit copiosissime? Desinat igitur gloriando etiam inscectari dolores nostros ... Vivat hercule Cicero supplex et obnoxius, si neque aetatis neque honorum neque rerum gestarum pudet ...!" (Ad Brutum 26, 5 – 6)

11. „... ignotus hosti, quo ferrum, Brute, tenebas? O decus imperii, spes o suprema senatus, extremum tanti generis per saecula nomen ..." (Lucan, VII, 587 ff)

12. Ad Att. V, 1, 3 – 4: „Discubuimus omnes praeter illam, cui tamen Quintus de mensa misit; Illa reiecit ... Mane Quintus mihi narravit illam nec secum dormire voluisse." (s. hierzu: H.J. Reischmann, Große Frauen von großen Römern, S. 15 ff)

13. „Quamquam plurimum natura valet, tamen videtur in paucorum mensum negotio posse simulatio naturam vincere." (cp. 1)

14. „... eadem ad rumorem concelebrandum valent: Dicendi laus, studia publicanorum et equestris ordinis, hominum nobilium voluntas, adulescentulorum frequentia ..." (cp. 50)

15. „Perche degliuomini si puo dire questogeneralmente: Che sieno ingrati, volubili, simulatori edissimulatori, fuggitori de pericoli, cupidi di guadagno ..." (Il principe, K. 17)

16. „Erunt enim homines se ipsos amantes, cupidi, elati, superbi, blasphemi, parentibus inoboedien-tes, ingrati, scelesti, sine affectione, sine foedere, criminatores ..." (2.Tim. 3)
17. „Civitas ex nationum conventu constituta, in qua multae insidiae, multa fallacia, multa vitia versantur, multorum adrogantia, multorum contumacia, multorum malevolentia, multorum superbia, multorum odium ac molestia perferenda est." (cp. 54)
18. „subito sum factus accusatoris eius socer ... Sed crede mihi! Nihil minus putaram ego, qui de Ti. Nerone, qui mecum egerat, certos homines ad mulieres miseram. Qui Romam venerunt f a c t i s sponsalibus ..." (Ad Att. VI, 7, 1)
19. „Itaque de Ciceronibus nostris dubito, quid agam ... De Tullia autem et Terentia, cum mihi barbarorum adventus ad urbem proponitur, omnia timeo ..." (Ad Att. VII, 13, 3)
20. „Melius quidem in pessimis nihil fuit discidio. Aliquid fecissemus ut viri ... vel nocturnarum expugnationum vel Metellae vel omnium malorum, nec res perisset et videremur aliquid doloris virilis habuisse ..." (Ad Att. XI, 22, 3)
21. „Hodie mane Dolabella. Multus sermo ad multum diem. Nihil possum dicere ektenesteron, nihil philostorgoteron. Ventum est tamen ad Quintum ..." (Ad Att. XIII, 21)
22. „Magnam anatheoresin res habet, de saxo, in crucem, columnam tollere, locum illum sternendum locare. Quid quaeris? Heroica! „(Ad Att. XIV, 15)
23. „Ex omnibus enim, mi Dolabella, studiis in me et officiis, quae summa sunt, hoc scito: mihi et amplissi-

mum videri et gratissimum esse, quod perfeceris, ut Atticus intellegeret, quantum ego t e a m a r e m, quantum tu m e a m a r e s." (Ad Att. XV, 26, 2)

24. „Eadem haesitatione Dolabellae proconsulari imperio Asiam obtinentis animus fluctuatus est. ... Quam rem Dolabella ad se delatam Athenas ad Areopagi cognitionem relegavit. Consideranter et mansuete populi Romani magistratus, sed Areopagitae non minus sapienter ..." (Val. Max. VIII,2)

25. Martial, epigr. XI, 20: „Quod f u t u i t Glaphyram Antonius, hanc mihi poenam Fulvia constituit, ut se quoque f u t u a m. Fulviam ego ut f u t u a m? Quid si me Manius oret pedicem, faciam? Non puto, si sapiam. Aut f u t u e, aut pugnemus, ait ..." s. hierzu auch: H.J. Reischmann, Große Frauen von großen Römern, S. 113 ff

26. Sat 1, 2, 127 ff: „... nec vereor, ne – dum f u t u o – vir rure recurrat, ianua frangatur, latret canis: Und ich brauche nicht zu sorgen, dass mitten in der S c h ä - f e r s t u n d e ihr Mann vom Lande heimkehrt, die Tür aufgebrochen wird, die Hunde bellen ... (Übersetzung: Horaz, Sämtl. Werke, bei Artemis)

27. „A m e r i c a, ... cur tu ipsa bella moves quocumque loco? „(M. von Albrecht, Sermones VII, S. 71) – „Ipsa paras iam nunc nova, A m e r i c a, bella. Europam campum pugnarum deligere audes saevaque disponis nostris in finibus arma ... Quid quod A m e r i c a iam contemnit p u b l i c a i u r a, non gratas iugulans personas tempore pacis ... Dass du, Amerika, zu Friedenszeiten Unliebsame erschlägst ..." (S. 74)

28. Casanova hatte, als er ab 1791 bis zu seinem Tode 1798 auf Schloss Dux in Böhmen seine Memoiren schrieb,

die französische Sprache gewählt, weil diese „in Europa weiter verbreitet" sei. Das Manuskript wurde von seinem Enkel 1820 an den Brockhaus-Verlag Leipzig verkauft; eine italienische Ausgabe erschien erstmals um ca. 1882. Zitiert wurde aus der ital. Übersetzung von Giorgio Brunacci, Garzanti 1999

29. „Adde huc, quod mercem s i n e  f u c i s  gestat; a p e r t e, quod venale habet, o s t e n d i t. N e c, siquid honesti est, iactat habetque palam, quaerit, quo turpia c e l e t ..." (I,2, 83 ff)

30. „Te coniunx aliena capit, meretricula Davum: Peccat uter nostrum cruce dignius? Acris ubi me natura intendit, sub clara lucerna n u d a quaecumque excepit t u r g e n t i s  v e r b e r a  c a u d a e  c l u n i b u s  aut agitavit equum  l a s c i v a  supinum ..." (II, 7. 46 ff)

31. „Paratae erant lactucae singulae, cochleae ternae, ova bina, halica cum mulso et nive, olivae, betacei, cucurbitae, bulbi, alia mille non minus lauta." (Plinius ep. I, 15, 2)

32. „Nam sibi et paucis opima quaedam, ceteris vilia et minuta ponebat. Vinum etiam parvolis lagunculis in tria genera discripserat; Aliud sibi et nobis, aliud minoribus amicis (nam gradatim amicos habet), aliud suis nostrisque libertis." (Plinius ep. II, 6, 2)

33. „Si tristi domicenio laboras, Torani, potes esurire mecum. Non deerunt tibi, si soles propinein, viles Cappadocae gravesque porri, divisis cybium latebit ovis ..." (Martial ep. V, 78)

34. „Audio V.Martialem decessisse et moleste fero. Erat homo ingeniosus, acutus, acer et qui plurimum in

scribendo et salis haberet et fellis nec candoris minus." (Plinius, ep. 3, 21, 1)

35. „Regulus filium amisit – hoc uno malo indignus, quod nescio an malum putet. Erat puer acris ingenii, sed ambigui, qui tamen posset recta sectari, s i  p a - t r e m  n o n  r e f e r r e t." (ep. 4,2)

36. „Vidistine quemquam Regulo timidiorem, humiliorem post Domitiani mortem, sub quo non minora flagitia commiserat quam sub Nerone ..." (ep. 1,5,1 ... „Vide hominis crudelitatem: ... Regulus, omnium bipedum nequissimus! „(1,5, 14)

37. „Qua sapientia, quibus philosophorum praeceptis intra quadriennium regiae amicitiae ter milies sestertium paravisset? Romae testamenta et orbos velut indagine eius capi, Italiam et provincias immenso faenore hauriri ..." (Ann. 13, 42)

38. „Tu proverai, si come sa di sale lo pane altrui, come e duro calle lo scendere el salir per l' altrui scale ..." (Par. XVII, 58 ff)

39. „Uxor Trimalchionis, Fortunata appellatur, quae nummos modio metitur ... Sed haec lupatria providet omnia. Est sicca, sobria, bonorum consiliorum ... tamen malae linguae, pica pulvinaris. Quem amat, amat. Quem non amat, non amat." (37, 2 – 8)

40. „... signo dato Fortunata quater amplius a tota familia vocata ... venit ergo galbino succincta cingillo, ita ut infra cerasina appareret tunica et periscelides tortae phaecasiae inauratae ..." (67, 3)

41. Jules Marouzeau, Das Latein, S. 9

# Literatur

- Joachim Adamietz (Hrsg.): Cicero, Pro Murena. Texte zur Forschung Bd. 55, Darmstadt 1989
- Michael von Albrecht (Hrsg.): Ovid – Ars amatoria, Reclam 1992
- Ders.: Sermones, Satiren zur Gegenwart, in: Ars Didactica 8, Heidelberg 2021
- Mario Bretone: Geschichte des römischen Rechts, Beck 1989
- Giacomo Casanova, hrsg von Roger Willemsen: Aus meinem Leben, Reclam 2021
- Ders.: Memorie scritte da lui medesimo, Garzanti 1999
- Luciano de Crescenzo: Die Zeit und das Glück, übers. von Bruno Genzler nach „Il Tempo e la Felicita" (Mondadori Milano) – Knaus-Verlag 1998
- Kurt Flasch (Hrsg.): Augustinus, Confessiones, Reclam 2009
- Iring Fetscher: Karl Marx und die Antike, in Humanismus und Politik 7/1983
- Gerhard Fink: Götter, Spötter und Verrückte – Antike Anekdoten, Artemis 1995
- Manfred Fuhrmann: Europas fremd gewordene Fundamente, Artemis & Winkler 1995
- Ders.: Rom in der Spätantike, Artemis & Winkler 1998
- Ders.: Brechungen – Wirkungsgeschichtliche Studien zur antik-europäischen Bildungstradition, Klett – Cotta 1982
- Ders.: Seneca und Kaiser Nero, Fest-Verlag Berlin 1997

- Manfred Geier: Worüber kluge Menschen lachen – Philosophie des Humors, Rowohlt 2007
- Jules Marouzeau: Das Latein, Zürich 1969 dtv (2.Aufl.)
- Friedrich Maier: Raubgier. Die dunkle Seite der Macht – von Großkönig Xerxes bis zu Zar Putin dem Großen". Bad Driburg Ovid – Verlag 2022
- Hans-Joachim Reischmann: Große Frauen von großen Römern – Der markante Charme römischer Firstladies, NORA Berlin 2022
- Wolfgang Schuller: Cicero oder der letzte Kampf um die Republik, Beck 2013
- Wilfried Stroh: Latein ist tot, es lebe Latein! Ullstein, Berlin 2007
- Rudolf Sühnel: Essays zur englischen und amerikanischen Literatur, Heidelberg 2013
- Klaus Westphalen: Professor Unrat und seine Kollegen, Buchner 1992

# Der Autor

Dr. Hans-Joachim Reischmann, geboren 1949 in Wangen/Allgäu, studierte nach dem Abitur in Lindau Latein, Griechisch und Geschichte an der Universität Konstanz. Nach Beendigung des gymnasialen Schuldienstes befindet er sich in kreativem Ruhestand, in dem er bereits mehrere Bücher veröffentlicht hat, wie z. B. über „Römische Frauen" oder „Stille Bibelhelden".

# Der Verlag

> *Wer aufhört*
> *besser zu werden,*
> *hat aufgehört*
> *gut zu sein!*

Basierend auf diesem Motto ist es dem novum Verlag ein Anliegen, neue Manuskripte aufzuspüren, zu veröffentlichen und deren Autoren langfristig zu fördern. Mittlerweile gilt der 1997 gegründete und mehrfach prämierte Verlag als Spezialist für Neuautoren in Deutschland, Österreich und der Schweiz.

**Für jedes neue Manuskript wird innerhalb weniger Wochen eine kostenfreie, unverbindliche Lektorats-Prüfung erstellt.**

Weitere Informationen zum Verlag und seinen Büchern finden Sie im Internet unter:

www.novumverlag.com